江西财经大学信毅学术文库

传统村落社区旅游产权保障机制研究

张 瑾 曹国新 著

中国财经出版传媒集团
中国财政经济出版社

图书在版编目（CIP）数据

传统村落社区旅游产权保障机制研究 / 张瑾，曹国新著. --北京：中国财政经济出版社，2019. 11
（江西财经大学信毅学术文库）
ISBN 978 - 7 - 5095 - 9207 - 6

Ⅰ. ①传…　Ⅱ. ①张…②曹…　Ⅲ. ①乡村旅游－产权制度－研究－中国　Ⅳ. ①F592. 1

中国版本图书馆 CIP 数据核字（2019）第 190724 号

责任编辑：彭　波　　　　责任印制：党　辉
封面设计：王　颖　　　　责任校对：张　凡

中国财政经济出版社 出版
URL：http：//www. cfeph. cn
E - mail：cfeph @ cfemg. cn

社址：北京市海淀区阜成路甲 28 号　邮政编码：100142
营销中心电话：010 - 88191537
北京财经印刷厂印装　各地新华书店经销
710 × 1000 毫米　16 开　12 印张　193 000 字
2019 年 11 月第 1 版　2019 年 11 月北京第 1 次印刷
定价：68. 00 元
ISBN 978 - 7 - 5095 - 9207 - 6
（图书出现印装问题，本社负责调换）
本社质量投诉电话：010 - 88190744
打击盗版举报热线：010 - 88191661　QQ：2242791300

总　序

书籍是人类进步的阶梯。通过书籍出版，由语言文字所承载的人类智慧得到较为完好的保存，作者思想得到快速传播，这大大地方便了知识传承与人类学习交流活动。当前，国家和社会对知识创新的高度重视和巨大需求促成了中国学术出版事业的新一轮繁荣。学术能力已成为高校综合服务水平的重要体现，是高校价值追求和价值创造的关键衡量指标。

科学合理的学科专业、引领学术前沿的师资队伍、作为知识载体和传播媒介的优秀作品，是高校作为学术创新主体必备的三大要素。江西财经大学较为合理的学科结构和相对优秀的师资队伍，为学校学术发展与繁荣奠定了坚实的基础。近年来，学校教师教材、学术专著编撰和出版活动相当活跃。

为加强我校学术专著出版管理，锤炼教师学术科研能力，提高学术科研质量和教师整体科研水平，将师资、学科、学术等优势转化为人才培养优势，我校决定分批次出版高质量专著系列；并选取学校“信敏廉毅”校训精神的前尾两字，将该专著系列命名为“信毅学术文库”。在此之前，我校已分批出版“江西财经大学学术文库”和“江西财经大学博士论文文库”。为打造学术品牌，突出江财特色，学校在上述两个文库出版经验的基础上，推出“信毅学术文库”。在复旦大学出版社的大力支持下，“信毅学术文库”已成功出版两期，获得了业界的广泛好评。

“信毅学术文库”每年选取 10 部学术专著予以资助出版。这些学术专著囊括经济、管理、法律、社会等方面内容，均为关注社会热点论题或有重要研究参考价值的选题。这些专著不仅对专业研究人员开展研究工作具有参考价值，也贴近人们的实际生活，有一定的学术价值和现实指导意义。专著的作者既有学术领域的资深学者，也有初出茅庐的优秀博士。资深学者因其学术涵养深厚，他们的学术观点代表着专业研究领域的理论前沿，对他们专著的出版能够带来较好的学术影响和社会效益。优秀博士作为青年学者，他们学术思维活跃，容易提出新的甚至是有突破性的学术观点，从而成为学术研究或学术争论的焦点，出版他们学术成果的社会效益也不言自明。一般而言，国家级科研基金资助项目具有较强的创新性，该类研究成果常常在国内甚至国际专业研究领域处于领先水平，基于以上考虑，我们在本次出版的专著中也吸纳了国家级科研课题项目研究成果。

“信毅学术文库”将分期分批出版问世，我们将严格质量管理，努力提升学术专著水平，力争将“信毅学术文库”打造成为业内有影响力的高端品牌。

王　乔

2016 年 11 月

前　　言

传统村落是我国非常重要的一种旅游目的地类型。在传统村落旅游的发展过程中，面对资本雄厚的开发商、主导地方发展的政府部门，社区居民的产权实现往往受到多重因素的影响，呈现出复杂的具体情状，也是主客冲突的根源所在。对于村落和社区而言，村落旅游的发展能够在多大程度上实现“物”的可持续利用和人的发展，是社区参与其中的根本诉求。对人与“物”之间所有权关系的明晰，是讨论社区在传统村落旅游发展中应有之权和应得之利的基础。

本书立足于传统村落旅游发展中的现实问题，关注现有的农民财产权利制度在传统村落旅游发展语境中的实施效应和社区感知，剖析影响社区旅游产权实现的重要因素，并力图创新传统村落社区旅游产权的保障机制。

本书由九章四个部分组成。

第一部分提出并界定问题，包括前三章。第一章绪论，概述研究背景与意义，明确研究主题，回顾国内外传统村落旅游社区方面已有的研究成果，阐明研究思路、内容与方法。第二章，借助 Arc GIS 软件技术，对江西传统村落的类型、空间分布特征以及村落旅游发展现状进行研究。第三章，通过梳理传统村落社区旅游产权的主要法律渊源和正式制度中的文本表达，明确其内容、表现形式与制度文本的局限性，并选取 11 个变量，形成传统村落社区旅游产权感知量表。

第二部分个案实证研究，包括第四章、第五章、第六章。根据传统村落旅游经营模式、开发水平与权力结构的不同，分别选取了江西省内的李坑村、篁岭村和罗田村，作为社区重叠型、产权置换型和非优型传统村落的典型案例。通过 2015 年 1 月至 2016 年 6 月间的实地调查，掌握案例地社区旅游产权实现的基本状况，并获取居民的感知测量数据，以分析财产权利正式制度在具体情境中的实施效应。

第三部分深入剖析问题，主要为第七章。通过比较案例地社区旅游产权的实践与感知，分析其差异和共同特征。在此基础上，通过比照传统村落社区产权的基本事实与正式制度文本，剖析现行保障制度的实践效应，以明确局限的制度在具体实践中的运行效用。

第四部分总结问题，提出对策。包括第八章、第九章。第八章分析了影响传统村落社区产权实现的主要因素。尝试在现有制度与政策的框架内，最大限度地发挥正式制度文本的效用，通过调整村落旅游治理的权力结构，创新社区产权保障机制，设计组织架构和实施流程，并结合传统村落旅游发展和社区参与中存在的问题，提出具体的实施建议。第九章结论与展望，总结提炼主要研究结论，分析研究中存在的不足，阐明后续的研究方向与重点。

本书的主要研究成果如下：

（1）明确了传统村落社区旅游产权的内容与表现形式。通过对传统村落农民财产权利法律法规的文本梳理，结合农民财产权利在村落旅游发展过程中的具体体现。本书认为，传统村落社区居民在旅游发展中的财产权利包括村落旅游开发决策权、村落旅游经营管理权、村落资源收益获取权三个方面，并可以细化为开发决策权、参与经营权、参与管理权、旅游资源收益分配权、集体土地收益分配权和私产物权收益获取权六项主要内容。

（2）构建了传统村落社区旅游产权的感知测量模型，在明确财产权利内容及表现形式的基础上，选取11个观测变量，构建了传统村落的农民财产权感知测量模型，并将模型运用于具体案例地的居民财产权利感知测量中。研究结果表明，该模型在不同类型的传统村落，均能够较为清晰地测量出受访者的财产权利感知，能够较好地满足研究需要。

（3）明晰了传统村落社区旅游产权制度的实践效应。通过对相关正式制度的文本分析，本书认为，当前传统村落社区旅游产权制度具有以下四个方面的局限性：农村集体土地所有权主体的不确定；农民家庭土地财产权利的不完整；征地补偿与土地实际价值的不对称；传统民居保护义务与主体的不匹配。

研究中具体考量了财产权利制度在不同类型传统村落旅游发展中的实

践效应，研究结果表明，农民财产权利正式制度的实践效应，在村落自治、旅游资源保护利用、农民集体土地财产权利和农户家庭私产物权实现方面，均体现出明显的有限性。

（4）揭示了传统村落社区旅游产权实现的影响因素。研究进一步探索了影响传统村落农民财产权利实现的重要因素，并得出结论：普遍性的制度因素、村落旅游发展中其他主体的作为和社区居民自身特征等因素都会对社区旅游产权的实现过程产生影响。

村落资源的产权困境是制约传统村落农民财产权利实现的根本制度性因素，村落旅游的治理权力结构又进一步局限了农民在社区旅游经营管理中的参与，将农民财产权利的实现程度限制在更小的范围内。在不完善的制度和有缺陷的权力结构之内，村落旅游经济的发展水平与发展方式差异，也对农民财产权利的现实价值水平和实现程度产生局部的影响。就农民自身而言，组织化程度低，参与能力有限，大部分人对财产权利认知不清、财产权利保障意识薄弱，但是对实际的经济利益和自身在财产权利方面的弱势地位，有着清晰的感知。

（5）提出了传统村落社区旅游产权保障的创新模式。基于对存在问题和影响因素的分析，研究最后提出了传统村落旅游的股份合作制经营模式，即在明确村落资源所有权的基础上，综合参与式发展和现代企业制度，成立股份合作制企业形式的村落旅游经营管理组织，由村落居民、地方政府与投资商共同参与村落旅游开发、经营、管理的一种新型模式。

在现有制度和政策框架内，该模式对村落旅游发展中“人”和“物”的因素进行了创新的制度安排，通过调整传统村落旅游权力结构，将涉入旅游发展的资源和资产统筹其内，使村落资源的价值和社区产权得到应有的体现和保障，促进社区居民在开发决策、经营管理和收益分配方面的更好参与，使其财产权利能够得到最大程度的实现和保障。

张　瑾

2019 年 6 月

目　　录

第一章　绪　　论

第一节　研究背景与意义

一、研究背景

（一）乡村旅游，是中国旅游发展的主体，农村脱贫的主力

“三农”既是中国发展的基本问题，也是多数发展中国家的棘手难题。中国农民渴望脱贫、渴望致富、渴望发展，在改革开放过程中创造了很多奇迹，以“农家乐”为起点的乡村旅游正是中国农民的又一伟大创造。

近年来，各级政府都将旅游业作为农村经济供给侧结构性改革的重要抓手，乡村旅游获得了前所未有的发展。到 2015 年年底，我国的 33723 个乡镇，近 70 万个行政村，已建成 200 多万家农家乐、10 万多个特色村寨、2 万多个乡村旅游景区，乡村旅游景区占全国景区总数的一半以上。乡村旅游年接待人数 12 亿人次，占全国旅游接待总数的 30%。乡村旅游年收入 3200 亿元，占全国旅游总收入的 10%。解决农村就业 3300 万人，占全国农村非农就业人口的 16%。2011～2015 年，全国有 10% 的贫困人口，即超过 1200 万人通过旅游脱贫。乡村旅游已成为中国旅游发展的主体，农村脱贫的主力。

（二）传统村落，是乡村旅游发展的重要阵地

20 世纪 80 年代末 90 年代初，传统村落旅游作为乡村旅游的一种重要

旅游形式，在我国悄然兴起并蔚然成风，在当时流行的“回归自然、返璞归真”的文化浪潮引导下，迅速成为吸引广大城市旅游者的亮点①。近十几年来，随着我国城市化和城镇化水平的加快，人们生活水平的提高和城市生活节奏的加快，越来越多的人开始寻求自我、回归自然和向往乡村，具有传统生活气息和良好自然生态的传统村落成为旅游者钟情的旅游目的地。与此同时，政府重视、传统村落保护与旅游开发的相得益彰，许多保存较好的传统村落迅速成为旅游热点，如安徽西递、宏村、江西婺源古村落群、江苏陆巷古村、杨柳村、浙江诸葛村、山西李家山村、陕西杨家沟村等。

（三）社区旅游产权的保障与实现，是传统村落旅游发展中的突出问题

传统村落旅游的快速、蓬勃发展，在增加农民收入、振兴农村经济和保护当地生态环境的同时，也带来了诸多问题。例如，为了追求更大的经济利益，盲目无序开发对村落原生自然环境和社会人文环境造成的破坏和冲击；地方政府为追求新农村建设和新型城镇化的速度，以及村民经济改善后的新房建设需求等，对传统村落建筑和景观风貌进行破坏；更为严重的是，参与村落旅游开发的相关利益者之间，由于获益程度不同和利益分配不均等问题导致的在旅游发展过程中出现的各种冲突，甚至最后发展为社会群体性冲突事件。

近年来，在传统村落旅游开发过程中因社区旅游产权问题导致的群体性冲突事件频发，而当地农民作为其中的弱势群体，受到旅游资源产权的复杂性、农村集体土地制度局限和旅游开发信息的高度不对等客观因素的影响，再加上对自身财产权利缺乏认知以及自身受教育程度有限等主观因素的影响，其既得利益和财产权利很难得到保障，绝大多数情况下会成为群体性冲突事件的最终受害者和牺牲者，严重降低了当地农民参与村落旅游发展和村落保护的积极性，也对传统村落的经济发展与社会和谐造成了不利的影响。

---

① 陈小春．我国古村落文化旅游研究综述及发展趋势［J］．旅游研究，2015，7（2）：7－12.

（四）江西是乡村旅游大省，具有创新模式、总结经验的客观需求

对江西来说，“六山一水二分田，一分道路和庄园”是江西乡村风貌的古朴概括。160 亿亩山林、4600 万亩耕地、2500 万亩水面、40 个省级以上风景名胜区、52 个省级以上自然保护区、177 个省级以上森林公园、75 个省级以上湿地公园、176 个中国传统村落、116 个省级以上历史文化名村名镇等，构成了江西乡村的基本框架。全省 80% 以上的旅游资源集中在乡村，省内游、周边游、短程游的市场份额大约占了江西旅游市场的 60%，他们的目标就是乡村游。“十一”和“春节”两个黄金周，游客选择乡村旅游的占 70%。乡村不仅是江西旅游地理空间上的依托，也是最有条件开发的宝贵资源。

新常态下，江西乡村旅游更被赋予促进城乡资源互联互通、激发大众创业万众创新、驱动就地城镇化、充分拓展乡村资源优势的历史使命；承担起实现城乡间产业结构一体化、公共服务均等化、劳动收入均衡化、有效落实扶贫富民责任的经济社会职能；肩负着重建农村的经济自信、农业的产业自信、农民的文化自信，彻底挖除“穷根”的人文心理责任。应协调的利益、要解决的问题、需突破的瓶颈纵横交叠，提升发展的难度更大，创新模式、总结案例的需求也更加迫切。

二、研究意义

（一）为传统村落的产权制度分析提供一个框架

研究通过对传统村落相关的法律法规进行文本分析和梳理，厘清村落资源和资产的产权，并结合传统村落旅游的发展现状与特征，构建了一个用于分析传统村落社区旅游产权的框架。该框架能够较好地把乡村资源产权的普遍性问题和旅游村落产权的特殊性问题纳入分析过程，实现对传统村落社区旅游产权的全面深入分析，可以应用于同类研究的相似分析中。

（二）为深化旅游社区参与提供本土理论支撑

旅游社区参与，源自于国外的社区规划实践，我国学者将其引入旅游

学研究后，在实证研究方面取得了丰富的研究成果，但在社区参与实践与研究的理论支撑方面，并无明显进展。研究试图在这方面有所突破，通过对旅游村落农民财产权利内容与表现形式进行分析，明确社区参与是社区居民财产权利的表现形式，并依据此，还原了社区参与的深度与广度，为深化传统村落的社区参与提供本土理论支撑。

（三）为丰富传统村落的社区研究提供一组典型案例

传统村落在我国是一种常见的遍在性目的地，研究人员在开展此类社区研究时，有着广泛的个案选择基础。但是长期以来，大量的关注和成果都集中在一些知名的传统旅游地，且常常是旅游经济发展比较理想的村落。研究对象在现实中的丰富多元，与其在研究成果中呈现出来的单一刻板，有着明显的差异。为尽量实现对研究对象特殊类型的认识，本书选取了发展时限不一、发展方式不同、发展水平有异的三个案例地，能够在一定程度上丰富此类研究的案例资料。

（四）为推进传统村落社区与旅游发展提供一些思路

通过对传统村落社区旅游产权制度文本的主体感知和实践效应进行分析，研究进一步明确了影响社区旅游产权实现的主要因素和主要问题。在此基础上，本书提出了传统村落旅游股份合作制发展模式，阐述了该模式的组织构成、实施流程与实施建议，能够为传统村落的社区与旅游发展提供有益的思路。

第二节　研究主题

一、传统村落

（一）传统村落

传统村落，即习惯称谓中的“古村落”，是一个群体、社区、宗族、民族的集体记忆和智慧结晶，是一个集乡土建筑等物质文化遗产，民俗、民间技艺等非物质文化遗产和宗族、耕读等文化内涵于一体的人居空间。在我国，一般是指民国以前建村，保留了较大的历史沿革，即建筑环境、建筑风貌、村落选址未有大的变动，具有独特民俗民风，虽经历久远年代，但至今仍为人们服务的村落①，如皖南古村落、婺源古村落、福建土楼等。传统村落是文化遗产体系中的一种重要类型，是人类智慧和自然环境的结晶，有着重要的历史、艺术及科学价值，是一笔亟待保护的文化遗产。

2012 年 9 月，传统村落保护和发展专家委员会将“古村落”改为“传统村落”，将其界定为“形成较早，拥有较丰富的传统资源，具有一定历史、文化、科学、艺术、经济价值，应予以保护的村落”，并以此作为组织传统村落调查、遴选、评价、界定、登录和制定保护发展措施的依据。传统村落以其历史性、地方性、乡土性兼具的景观，区别于其他类型的聚落，是当前乡村旅游发展的重要阵地。

（二）传统村落旅游地

目前，传统村落仍然是我国农村社会的基本单元，是农民的居住地和生活、生产场所，因此传统村落往往与一般旅游地不同，首先是社区居民的生活地，再是旅游地。保继刚（1993）对旅游地有如下定义，“旅游地是指在一定地理空间上的旅游资源同旅游设施以及相关的其他条件有机结合的、为旅游者停留或活动的目的地”②，本书所研究的主体，是指以传统村落为载体而进行旅游开发与发展的区域。作为一种特殊的旅游资源，传统村落正备受瞩目与追逐，形成新世纪旅游热点，在全国开发出大量保存完好的传统村落，如安徽黟县的西递、宏村，江西的婺源李坑村等，古村落旅游已发展成为我国重要的旅游地类型，也逐渐成为旅游研究的重要对象。

---

① 吴晓庆，张京祥，罗震东．城市边缘区“非典型古村落”保护与复兴的困境及对策探讨——以南京市江宁区窦村古村为例［J］．现代城市研究，2015（5）：99－106.

② 龚胜生，何小芊．旅游地文化变迁与整合的文化地理学透视［J］．华中师范大学学报（自然科学版），2007（3）：450－454.

二、社区旅游产权

（一）农民财产权利

1. 权利

权利是一个基本的法律概念，不论是大陆法系，还是英美法系都十分关注权利。权利是关系到每个人切身利益的重要事物，现代社会人们的权利意识也越来越强烈。综合国内外学者对“权利”这一概念的研究成果，可以认为权利的要素包括利益、（自由）意思和法力（指法律赋予的权力），具体的权利则是由特定的利益、自由意思和法力构成的，三者不可偏废。

2. 财产权利

财产权利是一个外来词，20 世纪 80 年代我国经济学界在研究西方产权经济学时引入了这一概念，后为法学界所使用。在英文中，财产权利与产权是同一个词，property rights。在本书中，传统村落的社区居民财产权利，与其产权，所指相同。

到目前为止，国际法学界对财产权利的内容和形式并未形成一致的共识。我国法学的理论和实践主要依循大陆法系，在法学中与“财产权利”相对应的术语是“物权”。根据 2007 年 10 月 1 日开始实施的《中华人民共和国物权法》的界定，其“是指权利人依法对特定的物享有直接支配和排他的权利，包括所有权、用益物权和担保物权”。而该法中的“物”，包括不动产和动产。在英美法系中，财产权利（property rights）一词，则泛指人们所享有的关于财产的权利。《牛津法律大辞典》中，对“财产权”的释义为：“指存在于任何客体之中或之上的完全的权利，包括占有权、使用权、出借权、转让权、用尽权、消费权和其他与财产有关的权利。”

由于财产权利是权利的一种，多数学者认为其与权利一样，必须是由具备法律效力的正式制度界定和表达的权利，也有学者认为财产权利“不仅包括已有的法定权利，而且包括当前尚未法定但根据非正式制度可以界

定、并得到社会认可的潜在的（法定）权利”。（邹秀清，2008）[①]

3. 农民财产权利

权利是发展的前提和利益的基础，财产权利的安全则是公民平等地享有各种权利的基础与保障。农民财产权利问题，是牵涉农民根本利益的重大问题，直接影响到农民建设家园的积极性和农村可持续发展的能力。目前我国农民财产权利主要包括农村集体产权和家庭私有产权两个类型，具体涉及土地、宅基地和房产、农用设施等标的物。在法律层面，讨论得较多的是土地承包经营权、宅基地使用权和集体收益分配权。

（二）社区参与

1. 社区

1887 年，腾尼斯（Ferdinand Tonnies）在《社区与社团》一书中首次使用“社区”这一概念，他认为“社区是基于亲族血缘关系而结成的社会联合”[②]，目前有关社区的定义有 150 种之多。社区的基本含义离不开自然区域和社会活动范围，郑杭生对社区的解释是“社区是进行一定的社会活动、具有某种互动关系和共同文化维系力的人类群体及其活动区域[③]”。丁志铭（1996）提出“社区是一个具备相对完整的社会功能，能够满足社区居民基本生活需要的地域社会[④]”。陈万灵（2002）进一步提炼社区的概念，认为“社区是一个社会功能相对完整的人文区域共同体[⑤]”。在我国，村落、集、镇等通常被看作社区的实例，费孝通认为，“村庄是一个社区，农户聚集在一个紧凑的居住区内，与其他相似的单位隔开相当一段距离（在中国有些地方，农户散居，情况并非如此），它是由各种形式的社会活动组成的群体，具有其特定的名称，而且是一个为人们所公认的事实上的社会单位”[⑥]。

① 邹秀清．中国农地产权制度与农民土地权益保护［M］．南昌：江西人民出版社．2008，8－9.

② 转引自赵民，赵蔚．社区发展规划——理论与实践［M］．北京：中国建筑工业出版社，2003（12）：4.

③ 郑杭生主编：社会学概论新修［M］．北京：中国人民大学出版社，2003：272.

④ 丁志铭．农村社区空间变迁研究［J］．南京师范大学学报（社科版），1996（4）：23－28.

⑤ 陈万灵．农村社区变迁——一个理论框架及其实证考察［M］．北京：中国经济出版社，2002（10）：16.

⑥ 费孝通著，戴可景译．江村经济：中国农民的生活［M］．南京：江苏人民出版社．1986，5.

村落社区居民共享同一乡村的生活环境和社区服务，加上不同程度的血缘、地缘、业缘关系的联结，居民们会形成共同的社区意识与心理认同感。

2. 社区参与

关于居民在社区建设中的角色共识为：公共事务的参与者、监督者和社区公共决策的参与者。如彭惠清（2009）① 认为社区参与是社区居民通过一定的途径和形式参与社区事务的决策、管理和监督的过程，它表现为居民与各利益主体互动中所采取的制度化、合法化的参与方法和策略。本书认为，社区参与是一种手段，也是一种目的，即社区居民参与经济发展的目标制定、规划和实施发展、监测和评估；伴随着经济受益，促进社区居民的自主权，增加社区居民权能。在传统村落旅游发展中，社区参与指居民参与旅游开发并从中获得经济收益，使其获得物质激励；同时又促进其权能的增加，使其从非物质的激励因素方面去保护村落景观遗产。

（三）社区旅游产权

传统村落社区的旅游产权，指的是传统村落的农民集体和家庭对村落土地、旅游资源和其他资产的所有权，具体表现为占有权、使用权、处分权和收益权。传统村落的农民财产权利，在基本内容上与一般村落无异，因而对其的讨论分析必须在现有的农民财产权利制度框架内开展。其特殊性主要体现在村落所处的旅游发展语境，新的经济形式对村落资源资产需求较大，也推动了财产权利向经济利益的转化，使制度中的缺陷显现为实践中的矛盾与问题。

第三节　研究综述

一、国内传统村落旅游社区研究

传统村落是一个多学科参与的研究主题，其中尤以城乡规划学、人文

① 彭惠青．城市社区居民参与研究——以武汉市两社区的实地考察为例［D］．华中师范大学博士学位论文，2009，4.

地理学、旅游学的研究成果最为丰硕。城乡规划学，探讨的是城镇化背景下传统村落的价值与功能及其保护与开发；人文地理学，则更注重从空间和景观的角度来研究传统村落的人地联系与互动。旅游学领域对传统村落的关注，肇始于20世纪80年代，与我国乡村旅游兴起、发展、蓬勃的节奏相伴，从2000年以后开始逐渐成为旅游研究的热点，成果不断丰富，研究水平和层次不断提高，其研究主题多集中在村落旅游资源价值、资源开发与保护、旅游影响、村落旅游经营管理和可持续发展等方面。基于课题的研究主题和内容，笔者仅对相关的传统村落旅游社区参与、财产权利和利益的研究文献进行梳理。

（一）传统村落旅游社区参与研究

1. 社区参与模式研究

社区参与模式，指的是传统村落社区在旅游发展中扮演的角色。强调村落社区在旅游开发中的参与意义和不同模式的比较，是此类研究比较集中的两种论述体系。前者如雷海燕（2007）对社区参与模式在传统村落旅游形象设计中作用的探讨①、张敏（2014）则通过对榆次后沟古村的案例分析，认为社区参与模式在解决古村落旅游开发的利益冲突方面，具有重要意义②。后者如颜亚玉（2008）等对古村落政府主导、股份合作、社区主导三种经营模式下社区参与状况的比较，研究人员认为，传统村落旅游发展机制存在一定的不足与缺陷③。夏正超（2015）对温州社区参与古村落旅游的研究，也属此类，他认为，不同的发展模式下，社区参与的优势不一，因而关键在于采用适宜的模式，并指出要进一步提高社区参与的深度、水平，完善社区参与的利益分配机制④。

---

① 雷海燕，赵振斌．古村落旅游形象设计的社区参与模式——以党家村为例［J］．北京第二外国语学院学报，2007（5）：73－77＋14.

② 张敏．社区参与模式在古村落旅游开发中的应用研究——以榆次后沟村为例［J］．现代经济信息，2014（6）：61.

③ 颜亚玉，张荔榕．不同经营模式下的“社区参与”机制比较研究——以古村落旅游为例［J］．人文地理，2008（4）：89－94.

④ 夏正超，刘菊．温州社区参与古村落旅游的模式分析［J］．经济研究导刊，2015（15）：249－251.

2. 社区参与评价研究

社区参与评价的目标有两个：一是社区参与的程度；二是社区参与的绩效。

以社区参与程度为评价目标的研究，出现的较早，如杨效忠等（2008）对皖南古村落群的社区旅游参与度研究，所采用的测度指标是基于利益导向选取，并以家庭为视角来开展测度，关注的是如何提高社区旅游参与的水平、缓解参与度的空间差异①。在后来侯国林、黄震方（2010）对江南传统村镇的研究中，他们构建了一个更为全面系统的熵权层次分析评价模型来进行测度②。

以社区参与绩效为评价目标的研究，以社区居民感知研究为主，在近年来的乡村旅游扶贫绩效研究成果中，较为多见。典型的如秦远好（2016）对重庆石柱县黄水镇的研究，结果表明当地居民对旅游发展的消极环境影响感知强烈，但总体而言认为利大于弊，支持旅游发展③。吴国琴（2017）通过对豫南贫困山区郝堂村的实地调查指出村民对旅游发展经济绩效感知最为明显、生态绩效次之，总体社会绩效感知不明显④。

（二）传统村落旅游利益主体研究

1. 利益主体研究

现实中传统村落的利益主体呈现出明显的多元化特征，这些主体受村落旅游发展影响，同时也共同决定着村落旅游经济的走向。多元主体之间的利益协调，是传统村落旅游开发中的难点和关键点（刘慧洁，2014）⑤。对于利益主体的研究，是传统村落研究中成果较为丰富的一个类型。

---

① 杨效忠，张捷，唐文跃，卢松．古村落社区旅游参与度及影响因素——西递、宏村、南屏比较研究［J］．地理科学，2008（3）：445－451.

② 侯国林，黄震方．旅游地社区参与度熵权层次分析评价模型与应用［J］．地理研究，2010（10）：1802－1813.

③ 秦远好，马亚菊，刘德秀．民族贫困地区居民的旅游扶贫影响感知研究——以重庆石柱县黄水镇为例［J］．西南大学学报（自然科学版），2016，38（8）：74－82.

④ 吴国琴．贫困山区旅游产业扶贫及脱贫绩效评价——以郝堂村为例［J］．河南师范大学学报（哲学社会科学版），2017，44（4）：63－68.

⑤ 刘慧洁．基于利益主体理论的古村落旅游开发模式比较——以西递、宏村为例［J］．经济研究导刊，2014（31）：236－237.

对传统村落旅游利益主体的界定。应天煜（2006）将古村落旅游开发的关键利益相关主体简化为社区、地方政府以及外部资本三个方面[①]。一般认为，政府、居民、旅游企业、游客是目前传统村落最主要的利益主体（王莉等，2006）[②]，各相关利益主体为了各自的利益追求而彼此对抗，共同构成了一个利益追求的矛盾系统（伍先福等，2009）[③]。也有学者试图绘制出更完整的传统村落利益主体关系图谱，例如，伍先福（2010）在后来的研究中，就认为传统村落保护和旅游开发中，存在13个合法利益主体及8个核心利益主体[④]。但就目前而言，较易被纳入研究视野中的，仍然是前述的四类主体（冀瑞鹏，2013）[⑤]。

对多元利益主体关系的研究。李凡（2007）等以广东省大旗头古村为例，运用利益主体理论，建立了利益主体的诉求层次分析模型、概念模型，并对模型数据进行了描述性、可靠性和拟合程度的分析，构建了传统村落旅游利益主体之间的关系图谱[⑥]。纪金雄（2011）以武夷山下梅古村落为例，指出古村落旅游利益主体具有不同的利益诉求，并存在显著性差异，以致各关键利益主体之间存在利益冲突，也存在和谐共生的可能[⑦]。尹寿兵等（2011）指出古村落旅游核心利益主体可结合自身的功能和作用，分别采取制度设计与管理、产品开发与文化意境、社区参与及旅游决策行为等措施来保障和促进古村落文化旅游的高质量发展[⑧]。

2. 社区产权研究

传统村落利益主体关系的产生及其演进，可以被理解为是一个以排他

① 应天煜．中国古村落旅游“公社化”开发模式及其权力关系研究［D］．浙江大学，2006.

② 王莉，陆林，王咏，杨钊，梁栋栋，卢松．古村落旅游地利益主体关系及影响研究——世界文化遗产地西递、宏村实证分析［J］．资源开发与市场，2006（3）：276－279.

③ 伍先福，谢雄辉．古村落旅游开发中的利益主体协作问题研究——以湖南岳阳县张谷英村为例［J］．桂林航天工业高等专科学校学报，2009（3）：323－326.

④ 伍先福．古村落旅游开发相关利益主体研究［J］．市场论坛，2010（6）：71－72.

⑤ 冀瑞鹏．古村落旅游利益主体诉求及表达途径研究［D］．安徽师范大学，2013.

⑥ 李凡，蔡桢燕．古村落旅游开发中的利益主体研究——以大旗头古村为例［J］．旅游学刊，2007（1）：42－48.

⑦ 纪金雄．古村落旅游利益主体的利益诉求实证分析——以武夷山下梅古村落为例［J］．曲阜师范大学学报（自然科学版），2011（3）：87－92.

⑧ 尹寿兵，刘云霞．基于核心利益主体的古村落文化旅游发展研究［J］．安徽工业大学学报（社会科学版），2011（3）：8－10＋14.

性旅游经营权为核心，以具体经营模式为媒介的不断自适应的循环过程（应天煜，2006）[①]。这其中，决定利益的旅游经营权是核心，而经营权的源头是资源的产权归属问题。此类研究集中在三个方面：

一是传统村落旅游社区参与的利益保障机制研究。孙九霞、保继刚（2004；2005）、吴忠军（2005）等在乡村旅游社区参与的研究中对此作过探讨，罗永常（2006）较早进行了系统研究，他认为不同开发阶段、不同开发模式下的旅游利益分配机制都不成熟，提出了以股份制为基础的收益分配制度。此外，有部分学者通过分析旅游利益相关者的互动关系来寻求实现社区利益的途径（陈刚，2008；纪金雄，2011）。在颜亚玉（2008）等的研究中，一种被称为“内生性模式”的社区参与结构，能够实现清晰的产权和明确的收益分配，因而能够保障社区的利益[②]。郭文（2010）在对香格里拉雨崩村的研究中，认为该村民参与旅游开发的“轮流制”模式，妥善协调与巧妙解决了村民受益不均的问题，同时避免了由于无序竞争引起的经济利益过于集中现象，基本实现了经济增权、政治增权、心理增权和社会增权[③]。

二是古村落旅游地的居民财产权利感知研究。较为典型的如翁时秀、彭华（2011）对浙江芙蓉村的个案研究，研究表明，该村居民在经济、心理、社会、政治方面都处于去权状态，他们认为，弱权利意识型古村落社区增权的关键在于激发村民的权利意识和权能[④]。

三是古村落旅游开发中的资源产权制度研究。研究表明，实践中的古村落旅游资源产权制度普遍存在明显的缺陷：唐晓云等（2005）认为旅游资源的复合性、资源属性的多样性及制度缺陷导致了土地使用权复杂化、产权主体多元化和民俗文化资源产权价值虚化等困境[⑤]；王汝辉（2009）

---

① 应天煜．中国古村落旅游“公社化”开发模式及其权力关系研究［D］．浙江大学，2006.

② 颜亚玉，张荔榕．不同经营模式下的“社区参与”机制比较研究——以古村落旅游为例［J］．人文地理，2008（4）：89－94.

③ 郭文．乡村居民参与旅游开发的轮流制模式及社区增权效能研究——云南香格里拉雨崩社区个案［J］．旅游学刊，2010（3）：76－83.

④ 翁时秀，彭华．旅游发展初级阶段弱权利意识型古村落社区增权研究——以浙江省楠溪江芙蓉村为例［J］．旅游学刊，2011（7）：53－59.

⑤ 唐晓云，赵黎明．社区旅游资源产权困境及其改善［J］．旅游科学，2005（8）：11－16.

认为，收益分配制度中对居民人力资本价值及产权特性认知的缺失，使其产权价值无法实现[①]；左冰等（2012）认为，农村社区参与权利失败的制度性根源在于集体土地所有权受限制支配、所有权主体“虚位”和吸引物权“缺位”，而改善的关键在于推动社区参与旅游发展的土地权利变革[②]。

二、国外传统村落旅游社区研究

在国外研究中，尚未见到直接涉及古村落旅游社区参与和旅游地居民财产权利保障的专门文献，现有的文献也只有很少量旅游社区参与方面的相关研究，相对集中在乡村旅游、生态旅游和文化旅游等旅游类型，主要涉及社区参与重要性、参与模式、相关利益者、影响因素和居民感知等方面。

Pongponrat 和 Kannapa（2007）等以泰国南部的苏梅岛为研究对象，探讨了社区参与当地旅游业发展规划的多个方面，并确定了在当地的纳通社区组织的规划过程中与当地居民参与强度有关的因素[③]。Vafadari 和 Azadeh（2008）以恰高·占比尔神塔建筑群的可持续文化旅游开发为例，指出了社区参与的重要性，并揭示了当地居民如何参与并从中获益[④]。Yavana Rani，E. S.（2010）等对西方 20 世纪 70 年代到 21 世纪初有关社区参与乡村旅游的学术研究成果进行了整理分析，主要涉及社区参与乡村旅游决策的程度、效果等方面[⑤]。Nault 和 Sebastien（2011）等对社区参与生态旅游发展的理论研究指出，可以通过获得最大程度的社区控制和社区效益来实

---

① 王汝辉．民族村寨旅游中居民人力资本产权研究——简析《合作开发讨平羌寨旅游协议》的合约缺陷［J］．西南民族大学学报，2010（4）：193 - 196.

② 左冰，保继刚．制度增权：社区参与旅游发展之土地权利变革［J］．旅游学刊，2012（2）：23 - 31.

③ Pongponrat，Kannapa，Pongquan，2007，“Soparth. Community Participation in a Local Tourism Planning Process：A Case Study of Nathon Community on SamuiIsland Thailand” *Asia - Pacific Journal of Rural Development*，Vol. 17，Jul，27 - 46.

④ Vafadari，Azadeh，Visitor Management，2008，“the Development of Sustainable Cultural Tourism and Local Community Participation at Chogha Zanbil” *Iran. Conservation & Management of Archaeological Sites*，Vol. 10，Aug，264 - 304.

⑤ Yavana Rani，E. S.；Jeyakumaran M.；Geetha V，2010，“Community Participation in Rural Tourism Decision Making：A Case of Karaikudi，Sivaganga District，Tamil Nadu”，*Prabandhan：Indian Journal of Management*，Vol 3，March，32 - 36.

现旅游业的可持续发展①。Stone 和 Lesego Senyana（2011）对以社区为基础的旅游企业的社区参与进行研究，指出可以通过设置社区联络官、对当地居民培训等方式提高社区参与度②。Saufi 和 Akhmad（2014）等指出旅游政府机构、私营企业和旅游基础设施是制约东道主旅游社区参与和对旅游负面影响感知的三个主要的结构性因素③。Idziak 和 Wacław（2015）等讨论了地方社区在主题村开发中的作用，并以波兰五个主题村为研究背景，对旅游开发中的现有社区参与模式进行了探讨和检验④。Khazaei 和 Anahita（2015）认为所有的相关利益者都应该参与旅游业的可持续发展中，并首次把移民作为边缘相关利益者的代表引入旅游规划设计⑤。

三、国内外研究现状述评

总体来说，国内的传统村落旅游社区研究成果，相较国外要丰富得多，在研究旨趣方面国内外存在一定差异。尽管国内古村落及社区参与的研究成果较为丰富，但是对社区参与效度的研究较少，研究对象以南方古村落为主，并且呈现出向少数热点村落集中的趋势；近年来，研究人员已经开始关注古村落旅游开发中的相关利益主体研究，但目前研究大多表现为旅游领域中利益相关者概念、类型的界定和相互关系及影响方面，对其

---

① Nault, Sebastien; Stapleton, Paul, 2011, "The community participation process in ecotourism development: a case study of the community of Sogoog, Bayan - Ulgii, Mongolia", *Journal of Sustainable Tourism*, Vol. 19, Jul, 695 - 712.

② Stone, Lesego Senyana; Stone, Tibabo Moren, 2011, "Community - based tourism enterprises: challenges and prospects for community participation; Khama Rhino Sanctuary Trust, Botswana" *Journal of Sustainable Tourism* Vol. 19, Jan, 97 - 114.

③ Saufi, Akhmad; O'Brien, Danny; Wilkins, Hugh, 2014, "Inhibitors to host community participation in sustainable tourism development in developing countries" *Journal of Sustainable Tourism*, Vol. 22, Jul, 801 - 820.

④ Idziak, Wacław; Majewski, Janusz; Zmyślony, 2015, "Community participation in sustainable rural tourism experience creation: a long - term appraisal and lessons from a thematic villages project in Poland". *Journal of Sustainable Tourism*, Vol. 23, Sep, 1341 - 1362.

⑤ Khazaei, Anahita; Elliot, Statia; Joppe, Marion, 2015, "An application of stakeholder theory to advance community participation in tourism planning: the case for engaging immigrants as fringe stakeholders" *Journal of Sustainable Tourism*, Vol. 23, Jul, 1049 - 1062.

诉求的质性界定和诉求表达层面的研究甚少；另外，国内学者关于旅游地居民财产权利已经有了初步的研究，但是尚未见到传统村落农民财产权利的专门研究，只是在一些相关的研究中对社区居民的参与受益和权利现状有所关注。

从传统村落旅游发展的动机来考虑，各地踊跃地开发此类景区，主要是出于一种促进资源经济效益转化的目的。对于属地政府来说，是为了促进地方经济尤其是农村经济的发展；对于村落和社区而言，村落旅游的发展能够在多大程度上实现“物”的可持续利用和人的发展，是社区参与其中的根本诉求。对人与“物”之间所有权关系地明晰，是讨论社区在传统村落旅游中应有之权和应得之利的基础，但是从现有的研究来看，多数成果都是在模糊的框架中展开讨论，在一定程度上限制了研究深度的拓展，对研究主题的讨论，也未见得全面。

第四节 研究思路与内容

一、研究思路

研究立足于我国农村地区社会经济发展的现实问题，关注现有的农村产权制度在传统村落旅游语境中的实施效应及存在问题，力图在全面、深刻认识问题的基础上，创新传统村落社区产权的保障机制。

本书基本循着界定问题——分析问题——解决问题的思路展开。

首先，明确研究区域——江西省的传统村落类型、分布及总体的旅游开发现状，为研究的开展和相关问题的讨论奠定清晰的背景和基础。其次，对传统村落社区产权的正式制度进行文本梳理与分析，明确社区产权的内容与表现形式，结合研究对象的情况，构建传统村落社区产权感知的测量量表。在分析框架的指导下，选取三个较具代表性的传统村落开展实地调查，结合案例地的感知测量数据和基本事实分析，对特殊案例形成具体认识。通过对多个案例的横向比较，分析产权正式制度在传统村落旅游社区参与中的实践效应，并探索影响社区产权实现的关键因素。最后，在前述研究的基础上，从机制创新的层面提出传统村落旅游发展的股份合作制模式，并结合相关因素，提出模式的组织架构、实施流程与建议，具体技术路线如图 1－1 所示。

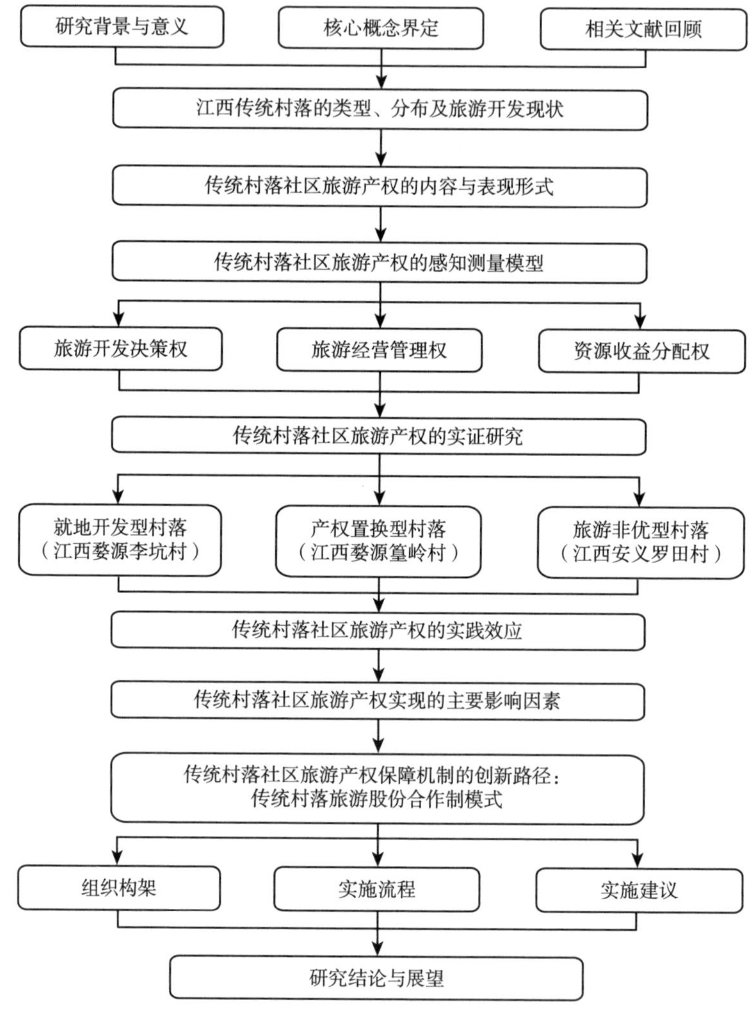

图 1－1　技术路线示意图

二、研究内容

本书由九章四个部分组成。

第一部分提出并界定问题，包括第一章、第二章、第三章。第一章绪论，概述研究背景与意义，明确研究主题，回顾国内外传统村落旅游社区方面已有的研究成果，阐明研究思路、内容与方法。第二章，借助 Arc GIS 软件技术，对江西传统村落的类型、空间分布特征以及村落旅游发展现状进行研究。第三章，通过梳理传统村落社区旅游产权的主要法律渊源和正式制度中的文本表达，明确其内容、表现形式与制度文本的局限性，并选取 11 个变量，形成传统村落社区旅游产权感知量表。

第二部分个案实证研究，包括第四章、第五章、第六章。根据传统村落旅游经营模式、开发水平与权力结构的不同，分别选取了江西省内的李坑村、篁岭村和罗田村，作为社区重叠型、产权置换型和非优型传统村落的典型案例。通过 2015 年 1 月至 2016 年 6 月间的实地调查，掌握案例地社区旅游产权实现的基本状况，并获取居民的感知测量数据，以分析财产权利正式制度在具体情境中的实施效应。

第三部分深入剖析问题，主要为第七章。通过比较案例地社区旅游产权的实践与感知，分析其差异和共同特征。在此基础上，通过比照传统村落社区产权的基本事实与正式制度文本，剖析现行保障制度的实践效应，以明确局限的制度在具体实践中的运行效用。

第四部分总结问题，提出对策。第八章，分析了影响传统村落社区产权实现的主要因素。尝试在现有制度与政策的框架内，最大限度地发挥正式制度文本的效用，通过调整村落旅游治理的权力结构，创新社区产权保障机制，设计组织架构和实施流程，并结合传统村落旅游发展和社区参与中存在的问题，提出具体的实施建议。第九章结论与展望，总结提炼主要研究结论，分析研究中存在的不足，阐明后续的研究方向与重点。

第二章　江西传统村落的类型、分布及旅游开发现状

第一节　江西传统村落的主要类型

从2012年8月至2017年12月，国家公布了四批中国传统村落名录，截至2017年年末，共有4153个村落列入传统村落名单。其中，江西省共有176个村落收入名录中。江西省11个地市均有传统村落分布，100个县区中有56个县区分布有传统村落。根据住建部公布的传统村落名单，本书以传统村落的中心位置为参考，收集176个村落的地理坐标，将其导入Arcgis中，将传统村落的空间分布进行了可视化表达，具体如图2-1所示。

一、徽派村落

由于地域原因，徽派建筑村落分布在赣东北区域，包括上饶、景德镇、鹰潭、宜春高安市、高安市、靖安县、九江都昌县，其中婺源县（上饶市北部）分布数量最多，以23个位居首位。其次是景德镇乐平市、浮梁县，其他县市均是零星分布。

徽派建筑村落建筑风格简约典雅，在旅游发展过程中，开发方一般将村落与周围山水捆绑开发，以“江南水乡”的意境取胜。在已经进行旅游开发的多个村落中，婺源江湾村名列国家5A级旅游景区，篁岭、李坑村、汪口村，景德镇瑶里村等地目前也成功获评国家4A级旅游景区，这些村落的建筑群落和历史地段保存相对完好，旅游发展较为成熟，在景区建

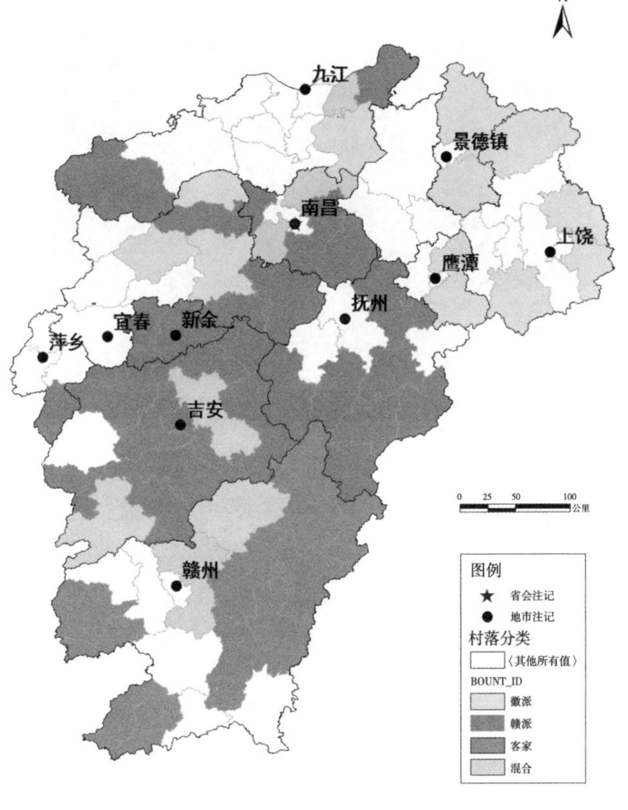

图 2-1　江西传统村落类型分布

设、产品开发、知名度、游客规模等方面都领先一步，其中篁岭更以创新的发展模式后来居上，成为江西传统村落旅游发展的“样本”。

在布局上徽派建筑村落以方整和谐、灵活多变见长，大部分徽派建筑村落都依山傍水而建，与大自然浑然一体。徽派建筑典型的特征是“粉壁、黛瓦、马头墙”。错落有致的马头墙与灵活多变的斜坡屋顶组成了丰富多彩的点、线、面，构成了独特的风景，这样的颜色搭配也体现出了徽州地区清新典雅的审美取向，如图 2-2 所示。

单体建筑的布局主要是多进院落式布局，中轴线对称，中间设厅堂，两边为厢房，外墙多封闭，靠“天井”采光和通风。“有堂皆有井，无宅不雕花”是徽派建筑的真实写照，除天井外，“雕花”是徽宅的另一亮点，徽宅建造材质包括木、石、砖，无论是门罩、照壁砖雕，还是庭院漏窗石雕，抑或是梁柱窗户木雕，都展现了徽宅的精致之美，如 2－3 所示。

图 2－2　水边的徽派古村

图 2－3　徽派建筑门楼装饰

二、赣派村落

赣派建筑村落分布在赣中地区，包括吉安、抚州、南昌、新余、萍乡以及宜春丰城市、樟树市、奉新县，九江修水县、彭泽县。村落主要集中在吉安、抚州两市、其中吉安金溪县分布了 21 个村落，最为密集，其次是吉安安福县、吉水县、吉安县等地分布较多，其余各地村落分布较为零散。

赣中的赣派建筑，又称为赣式民居，受外来文化的影响较少，较好地保存了江右民居的独特风貌。旅游发展较好的村落集中于吉安、抚州、南昌三市，景区化建设程度较高的典型村落有吉安市的陂下村、渼陂村、燕坊村、钓源村，抚州乐安流坑村、竹桥村以及南昌的安义古村群、西湖李家，以上村落也都获评了国家4A级景区，知名度相对较高。

赣派村落可大致分为山水型、滨水型、平原聚落型，无论是建筑选址、建筑构造都极具地域文化烙印。大部分村落选址的海拔在两百米之内，环山抱水的地形也为村落的建设解决了水源之需。

村落的建筑特征主要体现在天井与建筑颜色上，赣派建筑天井分为：天井式、天井院式与高位采光式，如图2-4所示。其中天井式是由建筑内四面或三面的房间合围而成，属于建筑内部空间，而天井院式的天井由主屋与其他房间合围则是吸收了北方“院”的思维，将天井推向了室外。高位采光式的村落民居则主要通过“天门、天眼、天窗”来代替或分担天井的采光通风功能。村落建筑墙体材质为青砖，不进行粉砌，因此露出了青砖自身的颜色，形成了“青砖黑瓦马头墙”的景观，更加古朴浑厚，这与徽派建筑产生了直观的视觉区别。不同于徽派建筑的两层布局，赣派建筑多为一层。

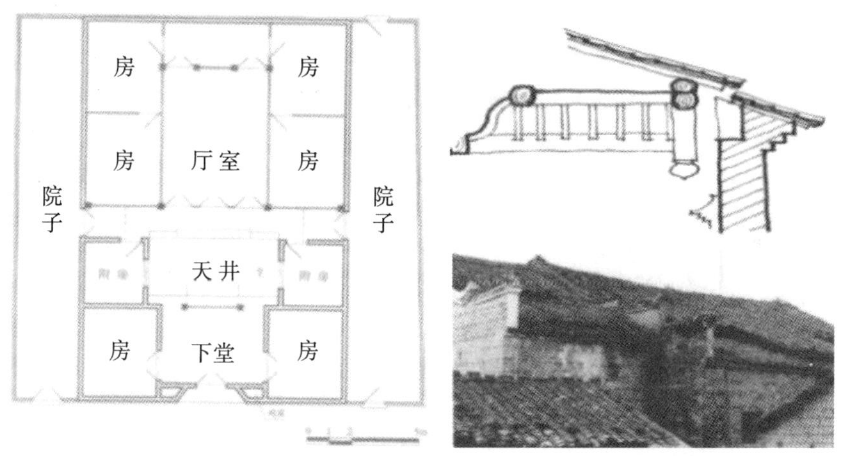

图2-4　“天井院式”的赣宅平面（左）与天门结构图（右）[①]

三、客家村落

江西的客家村落，主要集中在赣州的龙南县、于都县、石城县、兴国

① 图2-4引用于文献：袁立婷，2017：《赣中地区传统民居风貌及其传承研究》，南昌大学硕士论文.

县，其他如全南县、安远县、宁都、赣县境内，也分布有少量的客家聚落。赣南是客家人迁移的一站，客家人在这繁衍生息，虽然人口迁移后，客家人分布在江西省多个县区，但江西省内，只有赣州的客家人较为完整地保留了传统的客家建筑文化。

客家围屋村落中具有代表性的有龙南关西村、栗园围、燕翼围，兴国三僚村等，其中关西村、三僚村是国家4A级景区、栗园围为3A级景区。大部分村落都即将或已经发展旅游，这些村落古建筑群主体架构保存得相对完整，但内部的门窗梁柱、建筑装饰都存在一定程度的损坏，旅游开发力度、深度都有待提高。

客家建筑可分为两大类：厅屋组合式建筑和围屋，前者集中在赣州东北部，后者集中在西南部。厅屋组合式建筑以土木结构居多，在布局、材质、装饰方面都与中原庭院式建筑类似。围屋形式多样，鸟瞰视角下围屋通常呈方形，也有部分半圆形、近圆形围屋以及不规则的村围。在建筑构造上，围屋集宗祠、居住、防御于一体，大部分为砖石结构，内部为居住区，外部墙体厚实可承重，墙体上方内部中空，配有瞭望孔、射击孔、炮楼等防御设计，内部居住区的建设简单，大多没有繁杂的装饰，祠堂建设则注重精致气派，门柱、扇窗都精心雕刻祥纹瑞兽，是围屋建筑艺术的集中体现，具体如图2－5和图2－6所示。

图2－5　燕翼围俯瞰

图 2－6　围屋内部

第二节　江西传统村落的空间分布特征

一、空间分布概况与类型

（一）分布概况

江西省 11 个地市均有传统村落分布，100 个县区中有 56 个县区分布有传统村落。根据住建部公布的传统村落名单，本书以传统村落的中心位置为参考，收集 176 个村落的地理坐标，将其导入 Arcgis 中，将传统村落的空间分布进行了可视化表达，具体如图 2－7 所示。

（二）分布类型

传统村落的分布受到多方面因素的影响，要深入探讨传统村落的空间分布规律，解读村落空间分布特征的影响因素，对传统村落的空间分布类型的把控是第一步。村落分布类型的判断采用的指标是最邻近距离和最邻近点指数，其基本原理是：以点状要素随机分布（泊松分布）时产生的理

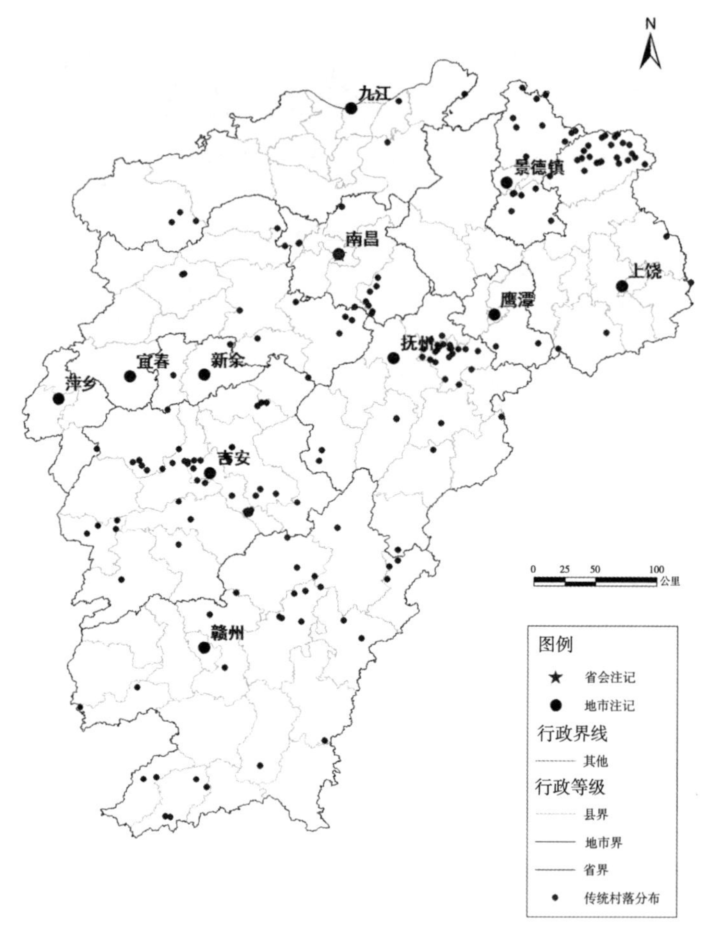

图 2-7 传统村落分布

论最邻近距离 rE 为参考距离，计算出村落间实际的最邻近距离均值 $\bar{r}1$，取两者的比值 R，根据 R 值判断村落类型。随机分布的理论最邻近距离计算公式如下：

$$\bar{r}_E = \frac{1}{2\sqrt{n/A}} = \frac{1}{2\sqrt{D}} \tag{2.1}$$

式中：n——所研究区域内的村落个数；

A——所研究区域的面积；

D——为点单元密度。

一般而言，点状要素的空间分布有均匀、随机、集聚三种类型，当

$R=1$ 时，呈随机分布；$R>1$ 时，要素判定为均匀分布；$R<1$ 时，判定为集聚分布。

笔者首先运用 Arcgis 工具将传统村落抽象成点状要素，并将其进行可视化表达，再借助 Arcgis 的平均最邻近距离分析工具计算出实际最邻近距离与理论最邻近的比值 $R=0.731936$，表明江西省传统村落属于集聚分布，Z 得分为 6.68，$P<0.01$，可信程度较高。

（三）集聚程度

已知江西省传统村落空间分布为集聚型，因此，可对集聚程度做出进一步的探讨。地理集中指数可以较好地描述一个地理区间研究要素的集中程度，本书以县（区）为单位，对江西省的集中程度进行计算。对具体的公式如下：

$$G = 100\sqrt{\sum_{i=1}^{n}\left(\frac{X_i}{T}\right)} \tag{2.2}$$

式中：G——地理集中指数；

X_i——表示省内第 i 个县（区）村落数量；

T——村落总数。

当 $G=100\times(1/100)1/2$ 即 $G=10$ 时，表明村落为均匀分布，当 $G>10$ 时为集聚分布，且值越大集聚程度越高：$G<10$ 则为分散，值越小越分散。

运算得知 $G=22.09$，说明江西省传统村落空间分布的集聚程度较高。

为更加直观地体现出传统村落空间分布集聚程度，可采用核密度估计法，这一方法认为地理事件可能发生在任一位置，但不同位置的概率不同，因此，点越密集，发生概率越高。运用 Arcgis 中的核密度分析工具，对抽象成点状要素的村落的分布密度进行可视化表达，具体如图 3－2 所示。

由核密度图可知，江西省内形成了三个明显的集聚中心：（1）最明显的聚集中心是抚州金溪—南昌进贤县、南昌县片区，属于赣派建筑风格村落聚集区；（2）上饶婺源县—景德镇乐平市、浮梁县片区，为徽派建筑风格村落聚集区；（3）吉安市区—吉安县—吉水县片区，为赣派建筑风格村落聚集区。不同层次的核密度分布也显示出了江西省传统村落空间分布的多样性。

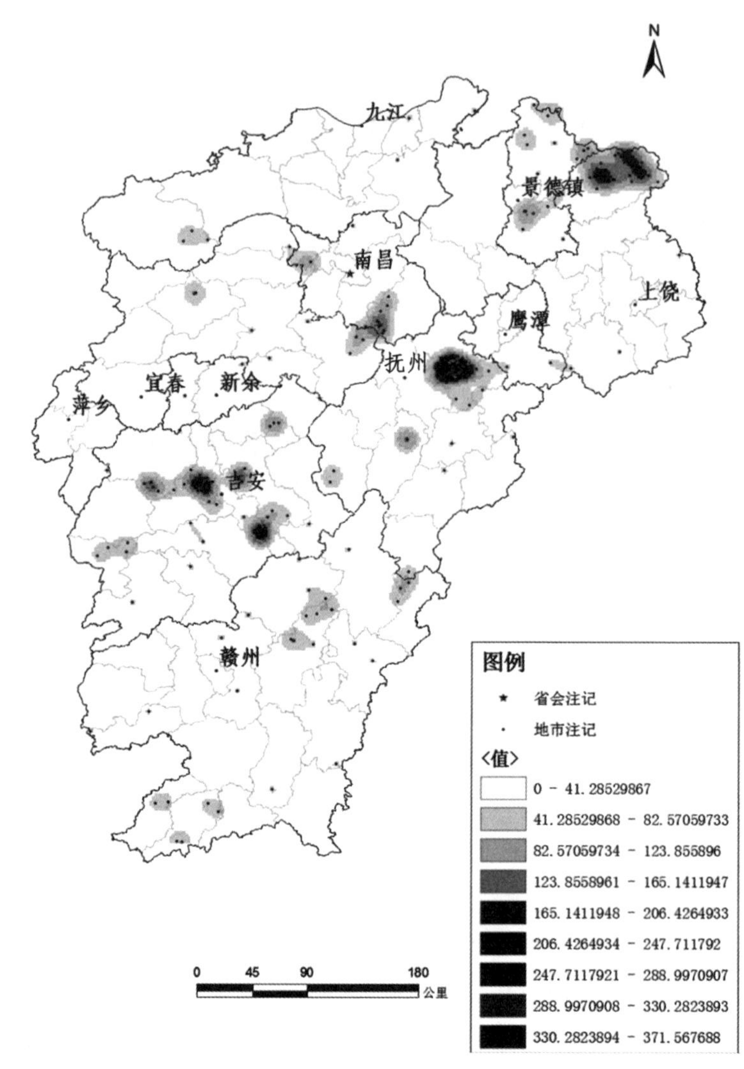

图 2-8　传统村落核密度分布

二、空间分布均衡性

（一）区域空间基尼系数

在地理学中，基尼系数可以用来比对几个不同的空间要素的分布，比对的空间范围可以人为设定。其公式为：

$$G = \frac{-\sum_{i=1}^{N} P_i \ln P_i}{\ln N} \tag{2.3}$$

式中：P——区域内传统村落占全省村落总数的比重；

I——第 i 个人为划分区域；

N——划分的区域数量。

理论上而言，基尼系数介于 0 ~ 1，系数越大，表示集聚程度越高。

本书结合行政区划分，将全省划分为四个不同的地理区域，即赣东北地区、昌九抚地区、赣西地区、赣南地区。赣东北包括地市：景德镇、上饶、鹰潭三市；赣西地区包括宜春市、萍乡、新余；昌九抚区域包括南昌市、九江、抚州；赣南地区：赣州、吉安。四个片域的传统村落数量见表 2－1。

表 2－1　　江西省内各区域传统村落数量统计

区域	村落数量（个）	所占百分比（%）	累计百分比（%）
赣东北	45	25.57	25.57
赣南	69	39.20	64.77
昌九抚	48	27.27	92.05
赣西	14	7.95	100
合计	176	92.05	

通过运算可知江西省空间基尼系数 G＝0.9172，表示江西省传统村落的集聚程度较高，赣南地区（含吉安）的数量明显多于其他地区，其次是赣东北、昌九抚地区，两者数量较为接近，由表 2－1 中可知，赣南地区的传统村落数量约占全省的半数，赣西地区传统村落的数量极少。

（二）地市分布不平衡指数

不平衡指数反映了研究对象在不同区域内分布的均衡程度①，本书将

① 李伯华，尹莎，刘沛林，窦银娣．湖南省传统村落空间分布特征及影响因素分析［J］．经济地理，2015，35（2）：189－194.

全省划分为4个片区，用空间基尼系数表明了区域分布的不均衡，下文将运用不平衡指数对江西省区域内各市村落的均衡性进行衡量。不平衡指数的公式即采用洛伦兹曲线中计算集中指数的公式，具体如下：

$$S = \frac{\sum_{i=1}^{n} Y_i - 50(n+1)}{100n - 50(n+1)} \tag{2.4}$$

其中：Y——划定区域内各个市区传统村落的数量；

I——第i个区域；

n——给定区域内市区的个数。

不平衡指数范围为0～1，均衡程度逐渐递增。

由图2-9可知，江西省各个地市间村落空间分布不平衡，吉安、抚州、赣州、上饶、南昌五个地市的传统村落总数的累计百分比达到了将近90%，其他地市的村落数量总计占比仅10%。

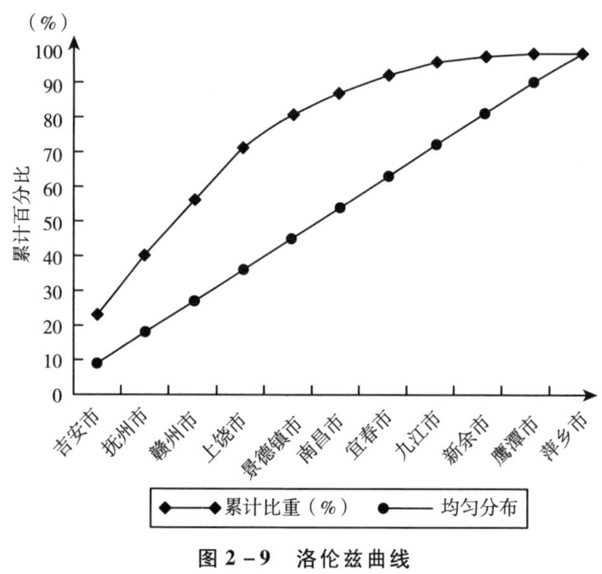

图2-9 洛伦兹曲线

三、区域分布特征

从地市层面来看，传统村落在11个地市中的分布不均衡，吉安市独占鳌头，以41个村落的总量排于榜首，所占比重达到23.3%，接近江西省的1/4。紧随其后的是抚州市、赣州市、上饶市，三者村落总数量十分接近，分别以17.61%、15.91%、15.34%的比重名列第二位、第三位、第四位，大部分传统村落分布在这四个地市中，村落总数占比高达72%。南昌市、景德镇市、宜春市三者传统村落的数量都在10~20，其他的地市传统村落的数量较少，萍乡市只有1个传统村落入选。

从县（区）域层面来看，传统村落的分布也不均衡，首先地域上，部分县区并没有传统村落入选名录，其次，就各个县区的分布密度来看，极差明显，分布数量较多的是上饶婺源（23个）、吉安金溪县（21个）、景德镇浮梁县（10个），密度较大的县（区）是吉州区、金溪县，密度分别为117.65、154.64①，其次是婺源县、东乡县，密度分别为78.05、78.74，其余的县（区），分布密度较低。具体的传统村落市、县（区）域分布如表2-2和图2-4所示。

表2-2　　江西省传统村落市域分布统计表

市域	第一批村落数量（个）	第二批村落数量（个）	第三批村落数量（个）	第四批村落数量（个）	村落总个数（个）	面积（万平方千米）②	密度（个/万平方千米）	所占比重（%）
吉安市	9	18	8	6	41	2.53	16.21	23.30
九江市	0	0	2	4	6	1.88	3.19	3.41
上饶市	5	11	6	5	27	2.28	11.85	15.34
抚州市	4	1	9	17	31	1.88	16.47	17.61
景德镇市	6	7	1	2	16	0.52	30.49	9.09
南昌市	3	5	1	2	11	0.74	14.86	6.25
宜春市	2	4	0	4	10	1.87	5.35	5.68
新余市	0	2	1	0	3	0.32	9.44	1.70
鹰潭市	0	1	0	1	2	0.36	5.62	1.14
萍乡市	0	1	0	0	1	0.38	2.61	0.57
赣州市	4	6	8	10	28	3.94	7.11	15.91
合计	33	56	36	51	176	16.70	10.54	100

① 江西省有传统村落分布的县（区）村落的密度区间是3.18~117.65个/万km^2。

② 数据来源：江西省人民政府网站，http：//www.jiangxi.gov.cn/lsq/jxgk/qygk/。

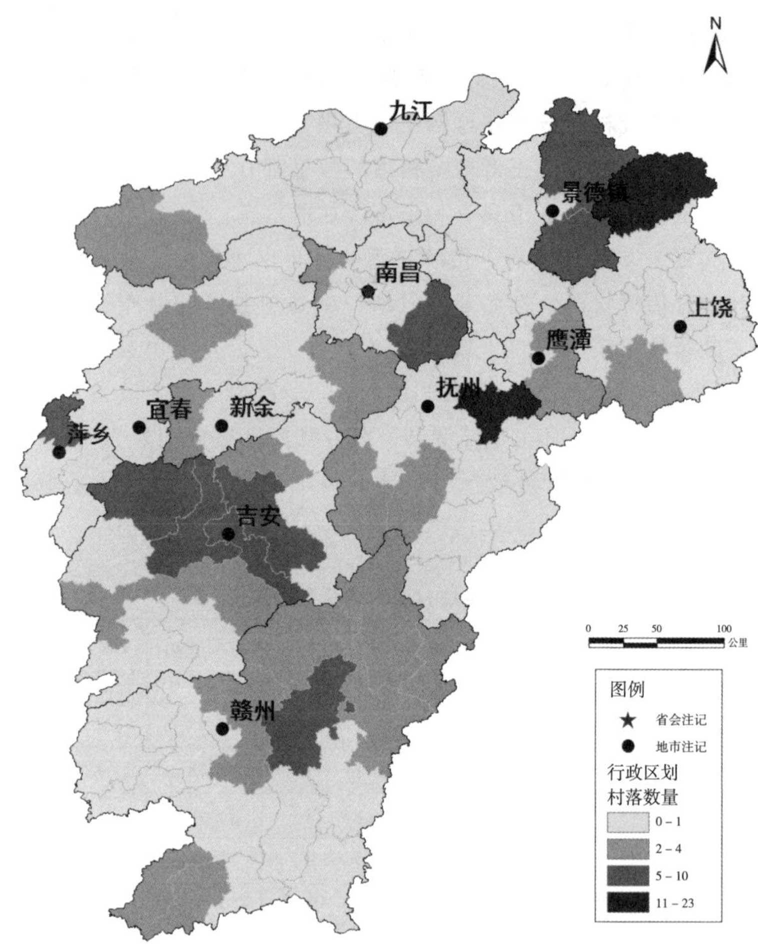

图 2－10　江西省传统村落县（区）域分布

四、分布特征的影响因素探析

（一）自然地理因素

自然地理因素是影响传统村落分布最活跃的因素，包括海拔、水系、气候在内的自然因素对村落的选址影响几乎是决定性的。

不同的海拔会影响水热条件，江西省地形以山地丘陵为主，平原、盆地、谷地为辅，总体海拔较低，大部分海拔低于500米，山地丘陵主要集中在赣南以及与邻省的交界区域。将传统村落分布图与地形图结合分析可知，大部分传统村落集中分布在吉泰盆地、鄱阳湖平原以及赣东北的小丘陵，这些地方地势相对平坦，土壤肥沃，适宜劳作定居。在地势较高的赣南地区，间隔着的盆地也为村落发展提供了较好的水热条件。

水源也是影响传统村落布局的重要因素。江西省属于亚热带季风气候，气候湿润，属于长江中下游，南高北低的地势有利于长江水流的汇集。江西省境内有鄱阳湖以及一些较大流量的河流，包括赣江、信江、饶河、抚河、修水，这些湖泊、河流大大小小的分支组成了稠密的水网，滋养传统村落的发展。

（二）历史文化因素

历史文化的积淀不仅影响着传统村落的建筑形制，也对村落的空间分布特征产生影响。

首先，不论是哪种建筑派系，先祖们对于村落的选址或多或少都受阴阳风水文化的影响，因此，村落分布的疏密与山、水有密切联系。

其次，历史上行政区域的重新划分、人口的迁移都对江西省传统村落的空间分布产生了影响。以婺源为例，婺源曾属安徽管辖，后因军管问题划分到江西省，成为赣东北区域的组成部分，因此江西省赣东北区域徽派建筑风格村落林立，在村落的布局上也沿袭了徽派背山临水的文化理念。而客家村落的空间分布特征明显的表现了人口迁移的影响。客家祖先们经历了几次的南迁，最终在赣南、福建、广西一代稳定居住下来，一代代的客家先民们恪守中原文化建造了独特的围屋，形成了现今的赣南客家村落群。

（三）社会经济因素

首先，封建社会下，小农经济是社会经济的主要经济模式，村落需要达到基本满足自给自足生活的状态，耕种劳作尤为重要，这使得大部分的村落都分布在地形平坦、土壤肥沃，水源充足的地区，农业为本的社会经济形态加重了自然环境因素对村落空间分布的影响程度。

其次，现代社会中，大部分村落分布在距离市区、县区较远的地方，交通不便，经济较为落后。远距离使村落处于比较封闭的状态，这使这些地方的村落得以相对完整地保存村落特色，但落后的经济也意味着这些村落在今后的保护和发展过程中会遇到资金短缺的问题。再者，随着城镇化水平的提升，在传统村落评选还未开始或者进行时，部分本应列入传统村落就可能已经丧失了评选资质，这个因素也一定程度上影响了传统村落的空间分布形态。

第三节　江西传统村落的旅游开发现状

一、旅游开发水平

（一）村落的景区化建设水平

从20世纪90年代开始，摄影家的镜头与大众的自发关注开启了传统村落旅游的大门，2000年前后，部分老牌的传统村落如渼坡村、江湾村、竹桥村开始发展旅游。2005～2010年，乡村旅游兴起，越来越多的传统村落加入了旅游开发大军，特别是旅游扶贫政策的发布，推动更多的传统村落加入旅游景区建设的浪潮中。

江西省有176个村落列入了传统村落的名录，多数村落都发展了旅游，但发展程度各异，有处于初期阶段的村落，也不乏旅游发展较为成熟的村落。以原国家旅游局颁布的旅游景区等级作为分类标准，将获评国家3A级及以上旅游景区的传统村落进行统计，具体的统计情况见表2－3。

表2－3　江西省传统村落旅游景区等级统计表①

地市	5A级旅游景区	4A级旅游景区	3A级旅游景区
吉安市	0	陂下村、渼陂村、燕坊村、钓源村	0
抚州市	0	流坑村、竹桥村	洲湖村
赣州市	0	关西村（围）、三僚村②	栗园围

① 资料来源于：百度百科、地市政府官网、江西旅游网、中国江西网—江西手机报、抚州新闻网等网站。

② 三僚村即三僚风水文化景区。

续表

地市	5A 级旅游景区	4A 级旅游景区	3A 级旅游景区
上饶市	江湾村	汪口村、李坑村、延村、篁岭村	0
景德镇市	0	高岭村、绕南村、瑶里村①	0
南昌市	0	安义古村、西湖李家	0
合计	1	17	2

从地域上分析，各地市中上饶、吉安两市的3A级及以上村落景区数量居多，质量更佳。抚州与赣州的传统村落数量稍多于上饶市，但3A级及以上的村落景区的数量却不及上饶市，其余的宜春、新余、九江等市没有村落上榜，可以判断吉安、上饶两地的传统村落景区化水平较高于其他省市。

（二）村落旅游产品开发水平

传统村落的旅游产品主要包括：古建筑群落观光、田园风光、购物、餐饮、住宿、生态农林采摘、民俗文化、节事活动、户外素拓活动。研究中，选择江西省内景区建设水平较高、知名度较高的村落进行旅游产品开发现状的摸底统计，具体情况见表2－4。

表2－4　　传统村落代表旅游产品统计表

村落名称	古建筑群	田园风光	民俗文化	购物	餐饮/美食	住宿	生态农业观光、采摘	户外素拓活动	红色文化	节事活动
陂下村	√	√	√		√				√	√
渼陂村	√	√	√	√	√				√	√
燕坊村	√	√	√	√	√	√	√			
钓源村	√	√			√					√
流坑村	√	√	√	√	√					
白鹭村	√	√	√		√	√	√			√
洲湖村	√	√			√					

① 高岭村、绕南村、瑶里村同属于瑶里古镇，瑶里古镇为4A级景区，故三个村落都列入了4A景区。

续表

村落名称	古建筑群	田园风光	民俗文化	购物	餐饮/美食	住宿	生态农业观光、采摘	户外素拓活动	红色文化	节事活动
竹桥村	√	√	√		√		√			
关西村（围）	√	√		√	√					
燕翼围	√	√			√					
三僚村	√	√	√		√					
栗园围	√	√	√	√	√					
江湾村	√	√	√	√	√	√				
汪口村	√	√		√	√					
李坑村	√	√			√	√				
延村	√	√			√	√				
篁岭村	√	√	√	√	√	√		√		
天宝村	√	√			√					
严台村	√	√			√	√				
理坑村	√	√			√	√				
虹关村	√	√			√	√				
瑶里村	√	√	√	√	√	√				
安义古村	√	√			√	√				√
西湖李家	√	√	√		√	√		√		

整体而言，江西传统村落的旅游产品形式传统、类型单一，体验性差。这些村落基本满足了游客观光、餐饮、购物的需求；其中只有一半的村落提供了民俗文化类的体验产品，如燕坊村的武术文化，吉安渼坡、钓源等村落的傩舞、傩戏等，一半的村落提供了住宿服务；少部分村落在结合自身资源的情况下也对旅游产品进行了丰富，比如陂下村、渼陂村的“古、绿、红”综合发展，打造红色古村品牌产品以及婺源篁岭村、进贤西湖李家开发的森林探索、游泳等户外素拓活动。

（三）村落旅游的市场认知水平

网络时代，“酒香也怕巷子深”，对于任何类型的旅游目的地而言，采取有力的营销措施，获取市场关注，进而吸引客流，是旅游发展中的重要工作。研究中，采用百度词条搜索记录为指标，对江西省176个传统村落的市场认知程度进行了调查与分析，百度词条的创建采用“市名+县名+村落名称”的方式，具体搜索数量分布如图2-11所示。

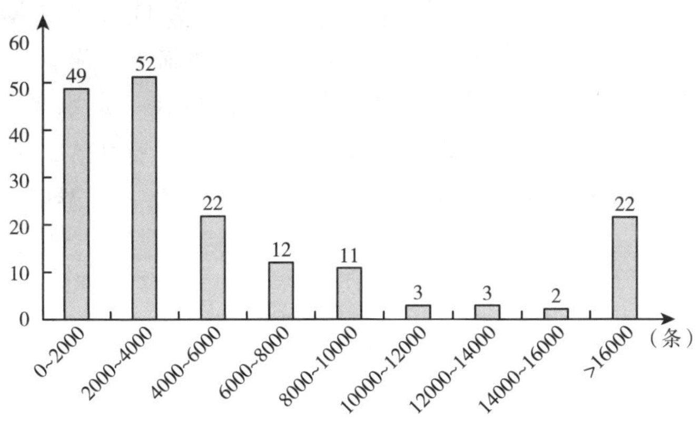

图2-11 传统村落百度词条搜索数量

整体来看，江西省传统村落的村落词条搜索量存在两极分化的问题，大部分村落的词条搜索量在6000条之下，说明这些村落的大众关注程度不足，这些村落有些是新兴发展旅游的村落，对外的宣传营销力度还有待加强，有些是旅游发展欠佳的村落，失去了旅游吸引力，从而关注度下降。词条搜索量较高的村落代表有婺源篁岭村、抚州流坑村、南昌安义古村、吉安渼坡村，这些村落的旅游品牌形象已经形成，积累了市场知名度，因此市场关注度较高。

（四）传统村落的旅游生命周期

现今，发展旅游是振兴传统村落经济的普遍手段，近年来，不少村落都开展了与旅游相关的规划建设。但传统村落的旅游开发具有选择性，除去旅游资源，旅游区位、客源、交通等因素都会影响到旅游开发的效益。从当前来看，旅游经济发展较好的村落并不多，村落旅游发展的整体水平较低。

各个层次村落的旅游发展客观上都会受到生命周期的限制。旅游地生命周期分为探查、参与、发展、巩固、停滞、衰弱或复苏几个阶段：（1）江西省内，大部分进行了旅游开发的传统村落都处于旅游地生命周期的参与阶段，仅有不多的散客自发到访，餐饮和住宿设施都比较简陋，没有形成规模，也不规范。(2) 少数的传统村落景区，吸引了外部投资方，服务设施更加现代化，规模化，处于发展阶段。譬如篁岭，凭借着“晒秋”文化品牌迅速“蹿红”，成为网红级别的乡村旅游目的地，旅游业与当地的经济关系紧密，向巩固阶段迈进。(3) 诸如瑶里、流坑、江湾等老牌村落，发展旅游业时间较长，游客数量能维持在一定水平或者增长，但增长率不佳，正处于巩固阶段。(4) 李坑、晓起等村落，过度商业化的发展模式破坏了传统村落的建筑风貌和旅游形象，旅游吸引力下降，处于停滞阶段。

二、较为突出的几个问题

传统村落的旅游开发具有选择性，旅游资源，旅游区位、客源、交通等因素都会影响到旅游开发的质量与效益。综合来看，江西省村落旅游发展的整体水平较低，在资源挖掘、产品开发、景区建设等方面都存在问题，这些问题既具有共性，也具有偏向性。

（一）资源价值的挖掘不充分

江西省有 176 个传统村落，数量众多，每个村落的主体建筑结构都保存的比较完好，这为村落的开发提供了基础。这些村落能列入中国传统村落名录，也证明它们所承载的文化价值与历史价值具有一定的罕见性和代表性，徽派村落所体现的儒商文化、赣派村落所承载的庐陵文化、客家围屋所承载的客家文化，部分地区因亚文化交融而形成的“混搭风格”村落，都是亟待开发的宝贵资源。

村落的旅游资源包含了古建筑景观、自然田园风光、民俗文化三个基本方面，但古建筑群风貌损坏、历史文化内涵丧失已经是村落旅游发展的普遍问题，虽然大部分村落都采取了“以新替旧”等措施来修复重现古建生态原貌，但修旧毕竟不能如旧。比之古建风貌的损坏，村落民俗文化资源挖掘更不充分，横向对比，村落的民俗文化都有自己的特色之处，但开发出来的产品却大同小异，纵向来看，村落民俗文化通常以表演、展览的形式体现，缺乏深度的挖掘。

（二）旅游发展空间格局失衡

江西省传统村落旅游发展的空间格局失衡表现在三个方面：

其一，传统村落开发的热点与村落集聚形态不对称。目前，上饶婺源徽派村落、吉安乐安等县的赣派村落已经在市场上形成了知名度较高的品牌，是江西传统村落旅游发展的热点区域，但就集聚形态来看，抚州金溪地区的村落分布数量最多，也更为密集，本应有条件成为开发的热点区域之一，但抚州传统村落的旅游发展，一直没有太大的起色。

其二，地市之间的发展不均衡，婺源地区旅游发展一枝独秀。从20世纪八九十年代开始，婺源的传统村落陆陆续续曝光在了摄影师镜头下，大众的关注开启了这些村落的旅游发展之路，这种自主自发的关注与口碑传播为婺源积累了大批的潜在客源，随着早期李坑、江湾、晓起等村落的声名远扬，再到近几年篁岭“晒秋”品牌的树立，婺源徽派村落的旅游形象不断巩固和提升。相比之下，上饶的广丰铅山等地也有传统村落，但这些村落失去了“先发优势”，要突破需要更多的资金、规划上的支持。其他地市如南昌、吉安、赣州、景德镇等，也都有自己的品牌旅游村落，但就市场知名度而言，都难以与婺源相比。

其三，就村落类型而言，江西省内的徽派、赣派、客家传统村落，都不乏资源保存完整、生态环境优美、人文风情突出的，但三种类型的传统村落，在旅游开发方面的差距，是非常明显的。徽派村落，因为旅游开发起步早、客源基础好，加之区域品牌效应，旅游市场上谈起江西古村旅游，实质上说的是婺源徽派村落的旅游。赣派传统村落中，有一批景区建设水平较高的村落，但苦于缺乏区域旅游线路的联动，旅游发展状况，也并不理想。客家传统村落，则多数位于社会经济发展水平滞后的区域，基础设施、建设资金、运营经验等方面的制约因素，都非常明显。

（三）景区建设管理水平滞后

景区的建设需要资金支持和科学合理的规划。长期以来，传统村落的保护和发展一直面临着资金问题，多数的村落发展启动资金来自政府补贴以及私人小企业，资金来源渠道较为单一，而旅游景区建设前期需投入大量资金，若缺少大笔资金的持续投入，村落只能采取分阶段建设的模式进行，景区建设期自然水平滞后于时代发展与大众需求。虽然互联网的兴起为融资提供了更多的途径，但无法解决传统村落的景区化建设资金缺口。再者，村落景区建设后，游客数量较少的村落资金链难以实现良性循环，会再次陷入资金难题中。

随着旅游扶贫政策的推行，传统村落的发展逐渐在脱离“粗暴”规划的无序局面。但现实中，许多村落的规划比较粗浅，或者停留在复制典型的层面，比如千篇一律产品雷同的商业购物街、油菜花田等，没有针对村落的特征作出个性化的规划。

村落景区的管理有其独特性，传统村落不仅要发展，更要保护。但村落景区日常保护与管理都存在缺位，急需规范化。梳理景区化开发管理的传统村落评价可知，游客对于村落的开发管理负面评价多于积极评价，进行景区开发的村落普遍存在开发程度浅、村落环境差、经营管理模式粗犷等问题。

（四）旅游产品普遍陈旧雷同

江西省传统村落的建筑、历史文化、风俗民情源于三脉，大致上分为赣派、徽派与客家围屋，三类村落间差异较为明显，但旅游产品同质化问题非常突出。根植于地方文化、能够凸显村落特色的旅游精品非常少。当旅游产品同质而缺乏创新时，它对大众的吸引力将不可避免地下降。

婺源是村落旅游发展较为突出的地区，徽派建筑与以油菜花为代表的田园风光是大众对于婺源的突出印象，但对具体某一村落特色大众是无法清晰认知的。当然，篁岭作为正面典型，为村落旅游发展与产品开发树立了一个紧抓村落特色、定制旅游产品的成功榜样，但这样的村落毕竟只是少数。其他地市的情况也与婺源类似，吉安的燕坊、钓源等村落坐落于庐陵文化发祥地，这些村落都注重于庐陵文化节、傩舞、傩戏等产品的开发，这确实根植于村落自身的文化，但不同村落分散开发雷同产品反而削弱了游客对这些产品的好奇心与新鲜感。

（五）缺乏鲜明的市场形象

旅游市场信息受众接收的信息海量而碎片化，一个鲜明的、市场认知度高的旅游 IP 能为村落旅游发展带来强大的市场效应，帮助游客记住旅游地信息、特征，发展成为潜在客户。

传统村落旅游形象的塑造非常关键，少数较为成功的如“篁岭晒秋”“千古一村流坑”在市场上树立了较为鲜明的市场形象，当游客有进行村落旅游的意向时，这些村落就成为首选之地。但目前江西省的传统村落能够做到市场形象鲜明的非常少，大部分村落的市场标签还局限在赣派、徽派、客家、古村等大类，市场特征比较模糊，村落间缺乏辨识度，这不利于村落的品牌价值建设，也在很大程度上局限了旅游营销信息的传递，限制了旅游市场的开拓与维护。并且，江西省部分村落还处于旅游规划或者初步发展阶段，这些村落的市场形象也正处于构建阶段。

三、优化对策与建议

（一）重视传统村落的旅游振兴与价值实现

传统村落是中国传统文化的活化石，一砖一瓦，一门一扇都是历史文化的凝结，价值深厚。文化深度游与乡村休闲游催生了传统村落文化价值向经济价值的转化路径，村落依靠发展旅游来实现致富成为可能。尤其是近年来，传统村落资金扶助等利好政策相继发布，为村落的开发提供了资金支持与政策福利，村落发展旅游产业更具有可实践性。

传统村落也是当地村民的安居之所，大部分的村落位置偏远，交通不便，经济水平的落后，村落劳动力大量向外迁移，村落要发展将直面人力资源、经济资源、技术资源短缺的三座大山的压力，相对于其他产业，发展旅游能更好地平衡保护与发展的天平。因此，我们应当重视村落的文化价值、保护修缮古建风貌，展示传统文化的精髓与魅力，更要重视村落的经济价值，结合村落自身的资源优势，发掘村落的经济价值，帮助当地村民就近就业，增加收入，减少村民流失，振兴村落经济。

（二）推动赣南、赣中地区传统村落的开发

赣南、赣中地区分布的传统村落的数量接近全省 2/3，但是这两个地区的旅游发展水平与村落资源不相匹配。从旅游发展的空间格局来看，婺

源徽派村落旅游一家独大，赣南客家村落，赣中赣派村落的资源较为丰裕，但是不同的地市，村落的分布密度存在差别，各个村落的情况也存在差异，可有针对性地采用不同的开发模式与策略。

开发模式可以因势而变、开发策略可以因地制宜。开发模式包括政府主导、企业主导、村民主导三种类型，三种类型开发模式在生态与社会效益、经济效益、居民认同方面各有优劣，政府主导型社会效益较高但运行效率不高，企业主导型的经济效益好但生态与社会效益低，村民主导型的旅游开发认同感最高，其他方面效益不佳。

开发策略的选择会更加多元，对于村落数量众多、分布密集的地区，如抚州金溪，可以采用区域联合发展，重点突出特色村落的策略，整合村落的旅游特色资源，针对不同的市场受众设计不同类型的旅游产品和串联路线，避免同质化产品，集合有限资源重点打造某些独具特色的村落，但对外的旅游营销可以使用统一的品牌，加强景区间的合作。对于村落数量少，地理位置偏远的地区而言，村落与外界相对隔绝，文化特征更为独特，保存更为完整。旅游发展更应注重村落与自然景观的搭配以及村落原生态民俗文化的保存发掘上。

（三）提升传统村落景区的软硬件管理水平

发展旅游是振兴传统村落经济的普遍手段，这些年来陆陆续续的村落都对村落发展进行了规划与建设。但多数村落景区的管理水平不高，滞后于旅游的需求。

景区的硬件管理主要是指修复维护古建，完善景区的基础设施与各项配套设施。古建筑群作为核心旅游吸引物，日常的维护必要且重要，古建主体架构、墙砖门窗的雕刻、屋内仅存的各项物件都需要经常性、专业化管理。基础设施应涵盖并侧重网络设施与交通设施的管理提升，首先，要提升交通的可进入性，其次，应保证网络通达性。信息时代下，人的社会属性扩大，景区为游客提供良好的信息分享渠道，满足游客记录生活、分享生活的旅游心理，才能保证游客良好的旅游体验。配套基础设施如住宿餐饮等都应该配合村落景区的规模与风格，差异化发展，适度增减数量，避免恶性竞争与同质竞争。

景区的软件管理包括村落的民俗文化资源管理、景区的服务管理，与游客、当地居民的关系管理。民俗文化资源的管理重在民俗文化的发掘、继承与发扬。服务管理在于景区管理制度的建设与执行，景区工作人员的培养与管理。健全有效的管理制度为服务管理提供参考标准，统一化管理，专业的培训可以提高工作人员的服务意识与技巧。对游客的管理在于引导游客的行为、控制游客的数量，提升游客的游玩体验，与居民的关系管理重在保护当地居民的利益，村落是村民的居住地，游客的到来必然打破村落的宁静生活，应从村民的生计角度让村民获利。

（四）促进传统村落旅游产品的转型升级

江西省传统村落的旅游产品存在的问题主要是两个方面：一是旅游产品类型单一；二是旅游产品陈旧同质。这两个问题是村落旅游产品的共性问题，问题的解决办法只有进行产品的转型升级，旅游地生命周期理论也鲜明地阐述了旅游地各个发展阶段特征的不同，不同的发展特征要求村落及时地进行产品的更新换代。

产品的转型要求我们运用价值链理论指导旅游产品的开发，村落旅游产品由古建筑群、自然风光、民俗文化等构成，在旅游产品二次开发时，坚持以整体的动态的视角看待旅游地的发展，不断延伸旅游产品的价值链。

根植于地方文化，开发突显村落特色的旅游精品是村落旅游产品转型升级的重要路径。村落的文化特色是吸引旅游者的核心，不同类型的村落开发者应各有侧重。以民俗文化产品为例，对于商贸型传统村落，如婺源思溪、延村、瑶里村，开发商应侧重于商贸文化产品的开发，着力于恢复其原来商铺林立、酒肆繁华的面貌。对于耕读文化型村落，如吉安的燕坊、钓源等村落，开发者则更应聚焦名人故事，为古建赋予灵魂。

深度体验型产品是村落旅游产品的盲区，基础的观光游览已经无法满足大众的旅游需求，根据村落特色开发农事、婚假、节庆等文化体验类产品可以拉近游客与村落的距离，使游客获得更深层次的旅游体验。

（五）塑造特色鲜明、认知度高的市场形象

塑造市场形象首先应当找准市场定位，书中将村落分为三大类：徽文化村落、赣鄱庐陵赣派村落、赣南客家村落。这三类村落分布有明显的地

区界限，文化具有差异性，但三个区域内的村落间客观存在文化同质的问题。但相同的文化渊源也会衍生出具有差异的民俗民情，比如燕坊的武术文化、篁岭的晒秋文化；而村落所经历的社会动荡也会为村落的发展增添新的故事，如渼陂和陂下的红色文化、客家的防御文化，这些是村落形象塑造的原材料。

三个类型村落分布的地区边界出现了亚文化型村落，如南昌汪山土库，这类村落的建筑特色不够明显，但风格“混搭”形成的村落风貌更加多变，包含的文化层次更加丰富，也具有市场。因此，对于区域内的某一村落单元而言，塑造鲜明的市场形象要做到同中求异，确定好自己的特色资源、市场客群，以便针对性地设计村落的市场形象。

本章小结

本章以传统聚落的建筑风格为依据，对江西省 176 个纳入国家传统村落名录的聚落进行分类，并阐述了不同类型村落的特征。在此基础上，运用 Gis 空间技术对传统村落的空间分布特征和影响因素展开研究。对于已经开展旅游景区建设的村落，从景区质量水平、旅游产品丰富、市场认知水平、生命周期四个方面，开展进一步地分析。

结果表明：江西省的传统村落包括徽派、赣派、客家三类建筑风格，在部分地区，也体现出了亚文化之间的交融；传统村落在空间分布上，呈现出较为明显的集聚型特征，并形成了抚州金溪 - 南昌 - 进贤、吉安 - 吉水两个赣派村落聚集区与婺源 - 乐平 - 浮梁徽派村落聚集区 3 个明显的集聚中心；少部分村落已步入景区化发展阶段，但整体而言，仍然存在景区建设水平滞后、旅游产品单一、市场认知有限等问题。

第三章　传统村落社区旅游产权的内容与表现形式

第一节　传统村落社区旅游产权的主要法律渊源

2014年十八届四中全会提出，全面推进依法治国，总目标是建设中国特色社会主义法治体系，建设社会主义法治国家。法律的权威源自人民内心的拥护和真诚的信仰，但人民的权益需要良好法律体系的保障。我国依据《宪法》相继出台的《中华人民共和国村委会组织法》《土地管理法》《中华人民共和国农村土地承包法》《中华人民共和国旅游法》《文物保护法》《风景名胜区条例》《中华人民共和国物权法》等法律法规，是传统村落社区旅游产权的主要法律渊源。

一、农村基层社会组织管理的相关法律

1998年11月4日通过的《中华人民共和国村民委员会组织法》，首次从法律角度确认了村民委员会的职能——“发挥管理本村公共事务和公益事业，调解民间纠纷，协助维护社会治安，向政府反映村民的意见、要求和提出建议”；并“协助乡、民族乡、镇的人民政府开展工作”。2010年10月28日，经十一届全国人大常务委员会修订后，明确提出“村民委员会应当支持和组织村民依法发展各种形式的合作经济和其他经济并且依照法律规定，管理本村属于村农民集体所有的土地和其他财产，引导村民合

理利用自然资源，保护和改善生态环境”。

《中华人民共和国村民委员会组织法》强调了工作的公开性和公正性，包括召开村民会议讨论决定从村集体经济所得收益的使用；土地承包经营方案；村集体经济项目的立项、承包方案；宅基地的使用方案；征地补偿费的使用、分配方案；以借贷、租赁或者其他方式处分村集体财产等事项以及对所做决定实施情况向本村民小组的村民公布。

二、乡村旅游资源保护与利用法律法规

（一）《风景名胜区条例》（2006 年）

早在 1985 年，国务院颁布了《风景名胜区管理暂行条例》。为加强对风景名胜区的管理，有效保护和合理利用风景名胜资源，2006 年 9 月 6 日国务院第 149 次常务会议通过《风景名胜区条例》。该条例以法的形式确定了风景名胜区“科学规划、统一管理、严格保护、永续利用”的基本工作原则。

新《条例》在 1985 年《暂行条例》的基础上，对风景名胜区设立、规划、保护、利用和管理等方面的规定进一步完善，保障了风景名胜资源的合理利用。新《条例》明确了风景名胜区管理的行政主体和执法主体。规定对风景名胜区的门票和资源有偿使用两部分收入实行收支两条线管理方式。新《条例》还利用法律法规实现真正的“政企分开”，以重视景区发展过程中的资源保护问题。《风景名胜区条例》的通过更为注重资源的永续利用和景区和谐秩序。

（二）《中华人民共和国旅游法》（2013 年）

1982 年，国家旅游局着手起草《旅游法》。1988 年，第七届全国人大常委会将《旅游法》列入立法规划。直至 2013 年 4 月 25 日，第十二届全国人民代表大会常务委员会第二次会议上正式通过《中华人民共和国旅游法》，自同年 10 月 1 日开始实施。其内容涉及旅游者、旅游规划、旅游经营、旅游服务合同、旅游安全、旅游监督管理等多个方面。

《旅游法》的颁布，旨在以法律形式保障旅游行业的健康发展。《旅游法》对旅游相关内容都作了明确规定，规范旅游市场秩序，保护旅游者合

法权益。该法规定："旅游发展规划应当与土地利用总体规划、城乡规划、环境保护规划以及其他自然资源和文物等人文资源的保护和利用规划相衔接，对自然资源和文物等人文资源进行旅游利用，必须严格遵守有关法律、法规的规定，符合资源、生态保护和文物安全的要求，尊重和维护当地传统文化和习俗，维护资源的区域整体性、文化代表性和地域特殊性，并考虑军事设施保护的需要。有关主管部门应当加强对资源保护和旅游利用状况的监督检查。"随着《旅游法》的出台和正式实施，对景区发展做出明确合理的旅游规划，给旅游经营者带来公平有序的竞争环境，给旅游者的合法权益带来更完善保护，从而促进我国旅游业全面协调可持续发展。

（三）《中华人民共和国文物保护法》（2013 年修订）

自 1982 年 11 月 19 日起施行的《中华人民共和国文物保护法》，旨在加强对文物的保护，继承中华民族优秀的历史文化遗产，促进科学研究工作，进行爱国主义和革命传统教育，建设社会主义精神文明和物质文明。该法确定了文物保护工作的总方针——"保护为主、抢救第一、合理利用、加强管理"。此后，我国陆续对《文物保护法》进行了四次修正。《文物保护法》的颁布实施及逐步完善，是我国文物保护与利用工作中重要的一环，对我国文物事业的发展起到了有力的促进保障作用。

《文物保护法》对文物保护范围有明确规定："具有历史、艺术、科学价值的古文化遗址、古墓葬、古建筑、石窟寺和石刻、壁画；与重大历史事件、革命运动或者著名人物有关的以及具有重要纪念意义、教育意义或者史料价值的近现代重要史迹、实物、代表性建筑；历史上各时代珍贵的艺术品、工艺美术品；历史上各时代重要的文献资料以及具有历史、艺术、科学价值的手稿和图书资料等；反映历史上各时代、各民族社会制度、社会生产、社会生活的代表性实物。"经过历次修订与完善，《文物保护法》从不可移动文物、考古发掘、馆藏文物、民间收藏文物、文物出境入境等方面对文物的管理、保护做出规定，以求更好地适应文物保护工作与社会发展的实际需要。

（四）《历史文化名城名镇名村保护条例》（2008 年）

历史文化名城、名镇、名村是我国历史文化遗产的重要组成部分，只有科学地规划和严格的保护，才能保存其传统的格局和历史风貌。为了更好地继承中华民族优秀历史文化遗产，2008 年 4 月通过的《历史文化名城名镇名村保护条例》，对历史文化名城、名镇、名村的申报、批准、规划、保护等方面的工作做出了明确要求。

《保护条例》对历史文化名城、名镇、名村的定义和保护进行了详细解释，普及了大众对历史文化名城、名镇、名村的认知。明确了历史文化名城、名镇、名村的申报条件，构建了科学合理的评价体系。对历史文化名城、名镇、名村的保护措施等做了一系列规定，以保障历史文化遗产的真实性和完整性。

三、农村土地资源保护与利用相关法律

（一）《中华人民共和国土地管理法》（2004 年修订）

1986 年 6 月 25 日，第六届全国人大常委会第十六次会议通过并颁布《中华人民共和国土地管理法》，标志着我国土地管理工作开始纳入依法管理的轨道。《土地管理法》的立法目的是“为了加强土地管理，维护土地的社会主义公有制，保护、开发土地资源，合理利用土地，切实保护耕地，促进社会经济的可持续发展，根据宪法，制定本法”的。1988 ~ 2004 年，我国《土地管理法》先后进行过三次修改。

《土地管理法》对土地的所有权和使用权、土地利用总体规划、耕地保护、建设用地、监督检查等方面做出详细规定。新修订的《土地管理法》其核心在于耕地保护，重点是推行土地用途管制制度。《土地管理法》从法律层面规定“全民所有的土地即国有土地的所有权由国务院代表国家行使，国土资源部代表国务院统一负责全国土地的管理和监督工作”。法律条款中赋予了国家根据公共利益的需要对农村集体土地的征收权，确立了土地征收制度。同时也制定了国有土地有偿使用制度。正如国务院法制办公室副主任宋大涵所言，“《土地管理法》的修订和实施对于我国加强土地管理，维护土地的社会主义公有制，保护、开发土地资源，合理利用土地，切实保护耕地，促进社会经济可持续发展发挥了重要作用”。

（二）《中华人民共和国农村土地承包法》（2002 年）

农村土地，是指农民集体所有和国家所有依法由农民集体使用的耕地、林地、草地，以及其他依法用于农业的土地。“为稳定和完善以家庭承包经营为基础、统分结合的双层经营体制，赋予农民长期而有保障的土地使用权，维护农村土地承包当事人的合法权益，促进农业、农村经济发展和农村社会稳定”，2002 年 8 月 29 日通过《中华人民共和国农村土地承包法》。

《农村土地承包法》中对家庭承包、其他方式的承包及争议的解决进行分别规定。条文中明确了发包方和承包方的权利和义务、承包原则、承包期限、承包合同等方面的内容。详细阐述了土地承包经营权的保护和流转。该法律依法保护了农村土地承包关系的长期稳定，对于进一步调动农民生产积极性，保护农民合法权益，促进农业、农村经济发展和农村稳定具有重大意义。

四、权利人物权界定与保护的相关法律

“为了维护国家基本经济制度，维护社会主义市场经济秩序，明确物的归属，发挥物的效用，保护权利人的物权”，2007 年 3 月 16 日，第十届全国人民代表大会第五次会议通过《中华人民共和国物权法》。该法首次以法律形式将国家、集体、私人的物权和其他权利人的物权平等保护。

《物权法》是我国首部界定权利人物权的法律，条文中对“物”“物权”的概念进行详细解释。《物权法》的制定旨在调整物权归属和利用而产生的民事关系。该法律依法维护了广大人民群众的利益需要，稳定了具有社会主义特色的市场经济秩序。

第二节　正式制度中的传统村落社区旅游产权表述

制度文本链接制度与实际运行，是该制度在实际运用中推行的前提与

依据，也是其顺利实施的保证。对传统村落旅游实践中社区产权的实现程度和存在问题所进行的考察与分析，也必须在现有制度的框架内展开，才有针对性和切实意义。本节主要梳理前述法律法规文本中，与传统村落社区旅游产权密切相关的条文，为后续的分析，奠定基础。

一、农村组织管理

（一）村民委被赋予了社会治理组织和集体经济组织的双重角色

《村民委组织法》赋予了村民委法定的管理村民集体财产的权利，“管理本村属于村农民集体所有的土地和其他财产”（第二条），在基层社会治理之外，村民委实际上还扮演了集体经济组织的角色。同时，该法界定了村民委员会与集体经济组织的关系，即“村民委员会应当尊重并支持集体经济组织依法独立进行经济活动的自主权，维护以家庭承包经营为基础、统分结合的双层经营体制，保障集体经济组织和村民、承包经营户、联户或者合伙的合法财产权和其他合法权益”。

当传统村落成为一种具有明确空间尺度的旅游景区，在村落范围内开展的旅游活动即属于典型的集体经济活动。在早期的“架杆收费”阶段，各地的村民委承担了村落旅游经济组织的工作。在后期的企业化经营阶段，村民在村落旅游经济中的角色则比较复杂，极少数的村落中，村民委直接负责景区经营企业的运作管理；部分村落根据需要成立了村民委之外的集体旅游经济组织；较常见的情况，是村民委配合属地政府和经营企业的旅游经济活动。这三种情况，都符合正式制度中对农村组织管理的界定。

（二）村民会议是保障农民产权的基本形式和重要途径

为确保村民委员会对农村基层社区的民主治理，《村民委组织法》中充分考虑了村民利益的保障问题，对误工补贴、集体经济项目的立项、承包及收益使用、公益事业兴办、土地承包经营和征地补偿费的使用分配、宅基地使用方案、集体财产处分等多方面的事项，均要求执行村民会议程序（第二十四条）。并明确了村民会议和村民代表会议的参加者、参加人数和所做决定的有效性标准（第二十二条、第二十六条）。其中，村民会议要求半数以上成年村民，或2/3以上家庭代表参加；定期召开村民代表会议，要求2/3以上代表参加，两种会议所做的决定都须经半数以上的到会人员同意。

根据《村民委组织法》的上述要求，传统村落的旅游开发中所涉经营权承包、资源使用费分配方案、土地征用、公共建筑租赁等事项，均须召开村民会议。

二、旅游资源利用

（一）传统村落的旅游吸引物

传统村落的旅游吸引物，指有形的民居、古建筑（主要包括古民居、古院落、古街道、祠堂、牌坊、戏台、桥梁、水系等）与无形的文化氛围及景观环境[①]。依据旅游资源的两分法，可以分为包括森林、山岭、草原、滩涂、河流、田园等在内的自然景观，和包括建筑群落、代表性古建筑单体、名人文化、宗族文化、民俗文化等在内的人文景观。其中，核心的旅游吸引物是古建筑和田园景观的组合。根据《物权法》的规定，传统村落的旅游吸引物中，国家所有权、集体所有权和私人所有权三者兼而有之。例如土地、水流、森林、山岭、滩涂等都属于国家所有，部分历史文物也归国家所有；法律规定属于集体所有的土地、森林、山岭、滩涂等归集体所有；村民所有的古建筑房屋、生产工具等归私人所有。

（二）对旅游资源保护义务的强调与主体界定

《旅游法》强调了对自然资源和人文资源的保护应当遵守法律法规，在保护的过程中也要注意资源与周围环境的整体性与特殊性（第二十一条）。

《风景名胜条例》将旅游开发利用的自然和人文资源称为景观和自然环境，对于景观资源的保护强调以可持续发展为原则，尽量保持名胜区内

① 刘旺．古村落旅游资源开发与保护的激励机制研究——以四川省阿坝州理县桃坪羌寨为例［D］．四川师范大学，2008.

景观的原有状态（第二十四条）。此外，《条例》还界定了旅游资源保护义务的主体为任何单位和个人，即“任何单位和个人都有保护风景名胜资源的义务，并有权制止、检举破坏风景名胜资源的行为（第六条）”。

针对传统村落中存在的大量文物，《文物保护法》强调旅游活动的开展不能对其造成损害，同时，法律赋予了文物所有者和使用者对文物的保养、修缮义务，即“国有不可移动文物由使用人负责修缮、保养；非国有不可移动文物由所有人负责修缮、保养。非国有不可移动文物有损毁危险，所有人不具备修缮能力的，当地人民政府应当给予帮助；所有人具备修缮能力而拒不依法履行修缮义务的，县级以上人民政府可以给予抢救修缮，所需费用由所有人负担（第二十一条）”。

《历史文化名城名镇名村保护条例》对资源的保护强调遵守科学规划和严格保护的原则，力求保持村落环境的原始风貌和完整性、真实性（第三条、第二十一条）。该法对旅游资源保护义务主体的界定不仅仅局限于政府机关，同时也鼓励企业、事业单位、社会团体和个人参与其中（第四条）。

（三）对旅游资源利用管理的表述和主体界定

《风景名胜区条例》将旅游资源利用和管理的主体界定为风景名胜区管理机构，管理机构依法行使其保护、利用和统一管理的职能。《风景名胜区条例》对旅游资源的利用管理强调其合理利用和规划。合理利用并不仅限于资源的开发，也包括资源的使用，经营者应向风景名胜区管理机构支付一定的资源使用费用。资源使用费和门票的收支情况都应该公开透明，用于支付资源的保护、修缮费用和财产所有权人应得的补偿（第三十七条、第三十八条）。传统村落旅游开发对村民产生的一些负面影响需要有相应的补偿机制，资源使用费的支付起到对景区内财产所有权人、使用权人损失的补偿。

传统村落的核心旅游吸引物是古建筑与田园景观的巧妙结合。对于古建筑的利用管理，《风景名胜区条例》和《文物保护法》有着更为明确的规定。古建筑的保护、修缮、新建、扩建都应注意其完整性和原真性的保护。法律将古建筑的保护维修义务赋予古建筑的所有权人。虽然地方政府会给予一定的维护、修缮补助，但古建筑的维护面临着高昂的费用，给建筑所有权人造成较大压力。所以上述二者都规定，当古建筑面临损毁且所有权人无力承担维护修缮费用时，当地政府应进行保护（《风景名胜区条例》第三十三条、《文物保护法》第二十一条）。

三、土地资源利用

（一）对农村土地产权性质和用途的界定

1982 年《宪法》第十条规定："农村（和城市郊区）的土地，除由法律规定属于国家所有的以外，属于集体所有；宅基地和自留地、自留山，也属于集体所有。"1986 年和 1998 年《土地管理法》对这一点作了更为明确的规定，"农村（和城市郊区）的土地，除由法律规定属于国家所有的以外，属于农民集体所有；宅基地和自留地、自留山，属于农民集体所有（第八条）。"

《农村土地承包法》允许"通过家庭承包取得的土地承包经营权可以依法采取转包、出租、互换、转让或者其他方式流转"。也就是说，农民依法享有对土地的支配权和处分权①。之后，《物权法》规定，土地承包经营权是用益物权，具有占有、使用、收益全能。

《土地管理法》对承包经营的土地用途做出了规定，国有土地承包后用于从事种植业、林业、畜牧业、渔业生产；农民集体所有的土地承包后用于从事种植业、林业、畜牧业、渔业生产。此外，对于农村集体所有的土地被用于单位或个人承包经营的，要求执行村民会议程序且经过 2/3 以上村民的同意（第十五条）。

简而言之，我国农村的土地，除法律规定属于国有的之外，均属于村集体所有，农民家庭享有土地的承包经营权，承包方对土地享有除处分权之外的财产权利。农村土地流转，需执行村民会议程序。

（二）农村土地的征收、征用和流转

土地的征收是土地所有权主体的改变，给予农村集体经济组织或农民补偿后，土地由农民集体所有变为国家所有。土地征用是土地使用权的改

① 于蕾．城市新区土地征用补偿价格研究［D］．浙江大学，2006.

变，土地所有权仍然属于农民集体所有，在征用期限结束后，土地交还给农民集体所有。土地流转也是土地经营权的转让。不管土地征用、流转，一般都仅限于转让土地的农业用途。《土地管理法》规定对于农用地的征收应先办理农用地转用审批手续，之后被征收土地的所有权人、使用权人办理征地补偿登记。耕地征收给予的补偿费用包括土地补偿费、安置补助费以及地上附着物和青苗的补偿费，且按年产量，结合安置人口计算支付（第四十七条）。征地补偿方案确定后，要得到被征地农村集体经济组织和农民的认同，并将征地补偿费用的收支情况向公众公布（第四十八条、第四十九条）。

《物权法》也指出不得违法征收集体所有的土地（第四十三条），且为维护被征地农民的合法权益，向被征地农民支付土地补偿费、安置补助费、地上附着物和青苗的补偿费等费用（第四十二条）。传统村落旅游开发过程中不可避免地要使用土地，改变用途，用于游客服务中心、停车场、居民安置区等的建设。但土地的征收应依法进行，并保障被征地农民的生活，依法支付补偿和安置费用。

集体经济组织以外的单位或个人可以承包经营农民集体所有的土地，承包经营权也可以通过转包、互换、转让等方式进行流转。《土地管理法》规定对土地的承包经营用于从事种植业、林业、畜牧业、渔业生产，承包方有义务保护和按照约定合理利用土地（第十五条）。《农村土地承包法》和《物权法》都根据土地类型将承包期限规定为三十年、五十年、七十年不等（第二十条、第一百二十六条）。古村落的旅游开发不仅需要建设用地，还需要征用土地用于建设景观和临时设施。根据《土地管理法》和《物权法》的要求，旅游开发征用不能改变土地用途，征用期满后土地应归还集体所有。在征用土地过程中须依法补偿原承包方。

（三）农村宅基地使用权人的用益物权

《土地管理法》规定了村民宅基地的数量和面积，即“农村村民一户只能拥有一处宅基地，其宅基地的面积不得超过省、自治区、直辖市规定的标准”。当村民将住房出卖或出租后不能再申请宅基地。同时，村民在宅基地建造住房时应与当地的总体规划保持一致（第六十二条）。根据《物权法》的规定，宅基地使用权人依法对集体所有的土地享有占有和使用的权利，有权利用该土地建造住宅及其附属设施。但是对于能否流转宅基地使用权和是否认可宅基地使用权的流转行为，在《土地管理法》和《物权法》中都没有给予明确的答案，这也使农民的合理利益没有得到保障，不利于农村经济的发展。

宅基地使用权，与土地承包经营权一样，均属于用益物权，村民对自己的宅基地依法享有占有、使用、收益的权利，也规定在公共利益需要时可以对个人不动产进行征收或征用，因此传统村落旅游开发中村民有权占有和使用自己的宅基地。因开发需要涉及对村民宅基地征收或征用时，村民依法享有知情权、选择权和获得合理补偿的权利。

四、农村资产物权

（一）村落集体资源所有权的明确界定

《物权法》对国家所有权、集体所有权和个人所有权包括的动产、不动产范围进行了区分，且明示了所有权是指“本集体享有占有、使用、收益和处分的权利”（第六十一条）。对代表村民行使所有权的集体经济组织（或村民委）行为，也做出了相关的要求（第六十条），其中，对集体所有的动产或不动产的使用、收益和处分等情况都要通过集体成员的决定（第五十九条），集体财产的状况也要向集体成员公布（第六十二条）。

根据上述法律规定，传统村落旅游开发中，虽然当地的土地、森林、山岭、草原、建筑物等都属于集体所有，但集体成员享有使用权和收益权。古村落旅游开发对当地集体土地的承包经营须经村民集体成员的同意，并支付补偿费用。代村民行使所有权的集体组织须向村民公开集体财产状况。只有村民的合理利益得到维护，村民才能更好地配合企业进行传统村落旅游的廾发。

（二）农村居民私产物权的明确界定

对于农村居民的私人财产，《物权法》将其范围界定为合法收入、房屋、生活用品、生产工具等，并以法律形式保障农民对私有财产的所有权不受侵犯（第六十四条、第六十六条）。

部分传统村落的旅游开发会以村民房屋作为旅游景观进行包装打造，依照《物权法》上述规定，古村落旅游开发涉及对村民私人财产的使用应与村民个体进行协商，集体经济组织（或村民委）不能代替村民支配其私有财产的使用权或从中获取收益。

五、制度的局限性

（一）集体土地所有权主体的不确定

《宪法》《土地管理法》及《农业法》都规定了农村的土地所有权，其基本要旨是农村土地属于农村集体所有，即农村土地归乡、村、组三级经济组织所有[①]。但实践中，乡级农民集体经济组织并不存在，农民集体经济组织缺位，村民小组是农村群众性自治组织，“农村集体”成为一个没有明确所指的权利主体。实践中常用的做法是，赋予村民委员会或村民小组执行土地使用权的权利，但事实上，这二者都不具备法人地位，不可能具体行使对土地的有效监督和管理，造成了司法意义上的农村集体土地所有权虚置[②]。而与此同时，作为“农民集体”组成要素的农民个体，却不能履行土地所有权。农民集体作为土地所有者的地位虚置，导致其农村土地法人地位的模糊和土地产权主体的多元，不能有效保护农民的土地使用权、处分权和收益权。

此外，在规定“农民集体”享有农村土地所有权的前提下，《宪法》修正案和《土地管理法》等法律又对其作出种种限制，其基本精神是：任何组织和个人不能买卖和转让土地，但国家可以征用集体所有的土地。“农民集体”作为土地所有人，事实上并没有土地的处分权，而实际上控制着农村土地最终处分权的，是政府。只有经过政府征用之后，“农民集体”才能转让所属土地。

集体土地所有权主体在法律条文表述与实践当中的不确定，在根本上限制了土地价值的实现，在事实上鼓励了地方政府和其他组织对农村土地

① 喻国华．失地农民权益流失与保障机制［J］．生产力研究，2006（6）：50－52.

② 洪朝辉．论中国农民土地财产权利的贫困［Z］．http：//www.linklaw.com.cn/lunwen.asp？id＝4370.2010－11－21.

的征用行为。

（二）农民家庭土地财产权利的不完整

农民家庭的土地财产权利，主要体现为土地承包经营权，根据《物权法》的规定，农户享有承包土地的占有、使用、收益权能，但是没有处分权，也缺乏自主决定土地用途的权利。农民必须“维持土地的农业用途，不得用于非农建设”，在农业用途之内，又“禁止占用基本农田发展林果业和挖塘养鱼”。当前中国农村的耕地收益呈现出明显边际递减状态，即便农民在自家承包地上勤恳耕作，所得不过略高于糊口水平，耕作收益很难满足农民的生计和发展需要。在这样的情况下，限定农民只能将土地用于农业经营，客观上将导致农民贫困现状的持续。

农民是否享有对土地财产的处置权利和对土地用途的决定权力，是农民土地产权的象征，也是土地使用权的一大标志①。处分权的缺失，使得农民家庭对承包地的占有、使用权能，仅能局限于农用用途，也在很大程度上限制了承包经营权流转的收益水平。

（三）征地补偿与土地实际价值的不对称

土地是国之大计，农地是农之根本。从经济价值的角度来看，农村土地在我国是一种非常稀缺的资源；从农民生计的角度来看，农地是广大农民赖以生存的基本物质资料；从国家的立法宗旨来看，几乎每一部与农村土地相关的法律，都反复强调农村土地的重要性。但是，另外，相关法律又为乡镇企业、其他单位和个人、公共利益需要等主体和原因，打开了相对宽泛的征地渠道。随着近年来我国城市化进程的加快，几乎在每个市县，都存在规模不一的征地行为。

在征地过程中，原承包方和农民集体依法享有土地的收益权，具体体现为获得征地补偿的权利。我国的征地补偿标准是以土地的原有用途计算的，其中征收耕地补偿的计算单位是该耕地被征收前三年的平均年产值。从《土地管理法》的相关表述来看，征地补偿费用的最终要求，是“使需

① 洪朝辉．论中国农民土地财产权利的贫［Z］．http：//www.linklaw.com.cn/lunwen.asp?id=4370. 2010－11－21.

要安置的农民保持原有生活水平”（第四十七条）。在这种标准之下，即便按照最高标准给予农户补偿，也不能充分体现土地的实际价值。在传统村落的征地实践中，补偿费用的标准往往偏低，与土地的实际价值相去甚远。

（四）古建保护义务与权利、能力的不匹配

传统民居是传统村落核心旅游吸引物的重要组成部分，作为私有的不动产，《物权法》赋予了产权人完整的所有权，即包括处分权在内。但是在传统村落文化遗产的相关法律条文中，产权人又被委以保护不可移动文物的重任，并且是第一责任人。负责传统民居的修缮和保养，在有能力的前提下，必须承担修缮费用；产权人不具备能力，则由当地人民政府给予帮助。这其中的问题有三：第一，传统民居的保护义务，与产权人的处分权，是相违背的。房屋破败不堪居住之后，屋主翻新或者重建，是应当应分的行为，但如果房屋是历史建筑，保护义务显然会限制处分权的行使。第二，传统村落中，民居的保护义务与产权人的能力不匹配。不论是在文物保护知识方面，还是在经济能力方面，产权人都难当此重任。第三，地方政府的专项财政列支中，并没有专列传统民居修缮费用，因而，大多数情况下，当地人民政府极少将资金用于传统民居的保护。传统民居保护义务与产权人权利、能力的不匹配，是我国传统村落加速消亡的重要原因，也是传统村落居民产权受限的显性表征之一。

第三节　传统村落社区旅游产权的内容与表现形式

传统村落社区旅游产权的主要内容包括村落旅游开发决策权、村落旅游经营管理权和村落资源收益获取权三个方面。

一、村落旅游开发决策权

村落旅游开发决策权主要是源于村落集体和居民个人对村中共有资源

和私产物权的处分权。对村落进行旅游开发需发挥当地村民的主体作用，由村落集体民主决策、民主管理、民主监督，各级政府或者各类企业、个人只能依据法律、法规的规定实施科学的开发经营，而不能摒弃村民自主主导村落旅游的开发。

（一）权利内容

村落旅游的发展与村民密切相关，从法律视角来看，村落旅游是属于村民自治的范畴。村落旅游开发的物质基础即村落土地及附着于其上的建筑、自然风光、环境风貌等均属于村集体或村民家庭所有。另一方面，村落旅游开发的人文资源如乡村人文遗迹、民间风情、传统习俗等是村落居民世代继承的精神财富，村民共同拥有对其的处置权利。此外，旅游开发对村落原始状态的冲击非常大，甚至会彻底改变村民持续很久的生活方式，村民有权利决定是否接受这样的改变。

村落旅游开发的决策权主要体现在：第一，村民拥有决定村落是否要开发旅游的权利；第二，拥有决定村落旅游开发方式的权利，即选择何种旅游开发的模式；第三，拥有共同处置集体财产的权利和处置私有财产的权利等。

（二）表现形式

1. 决定村落是否开发旅游的权利

传统村落进行旅游开发，是指将村落历史遗留下的古民居建筑群等古迹遗址、自然环境、人文活动、艺术表现等多种元素通过整改、包装，形成一种具有独特文化内涵、风格、古韵俱存的综合景观。传统村落开发旅游，与原住民息息相关。村落是村民的生产生活场所，旅游开发之后，村落同时还是旅游活动的场所，这意味着他们将打开社区的大门，打破原本平静的生活，迎接游客的到来。村落开发旅游带来的改变对原著居民来说是巨大的，作为长期生存在这片土地上的人，开发旅游便是改变他们原有的生活形态。无论这种改变对村民来说是好是坏，他们都有权利决定是否要接受这种改变。

2. 决定村落旅游开发方式的权利

2008 年《旅游绿皮书》中指出，从管理主体和机制角度而言，传统村落旅游的开发模式主要有四种，即政府主导经营模式、村民集体经营模式、外来开发商主导经营模式和个人承包经营模式。

政府主导经营模式是指旅游开发在当地政府主导下进行，政府不仅运用规划审批和行政管理等手段对传统村落旅游开发进行宏观管理，负责村落内的公共设施、公共服务和社会事务，而且在一定程度上参与旅游开发、经营。

村民集体经营模式是指进行开发旅游的村落自行开发经营旅游，村民集体组建旅游开发公司，行使村落旅游经营权。这种模式自主性较强，可以灵活管理，但是在资金投入、运营管理方面可能存在缺陷，安徽黟县西递村、浙江金华诸葛八卦村属于此列。

外来企业开发经营模式是指由外来企业进入村落，主导村落旅游的开发与经营，这里包括两种模式，其一是由外来企业全部承包经营，其二是由外来企业控股，与当地政府或者相关企业合作经营。

3. 共同处置集体财产的权利

根据《中华人民共和国物权法》的有关规定，集体财产指的是集体所有的不动产和动产的组合，包括了集体所有的土地、山岭、荒地、草原、滩涂、建筑物、生产设施、农田水利设施等资源设施，还包括人文环境、民俗资源等非物质性的文化资源。

一方面，传统村落进行旅游开发，往往需要建造游客服务中心、停车场等旅游设施，这便涉及相关土地的征用或征收。农村土地属于农民集体所有，农民集体拥有对所属土地的处分权利，有权决定是否将土地出租或流转给政府。另一方面，村落进行旅游开发往往需要利用村中原有的公共建筑、景观等资源，农民集体有权利决定是否允许旅游经营企业使用公共资源，并有权参与公共资源使用费方案的制定过程。

依照《中华人民共和国村民委员会组织法》民主决策的相关要求，在处理涉及村民利益的事项时，应当召开村民会议或村民代表会议，公平、公正地处理好有关事项。在处置集体财产等问题时，应召开村民会议或者村民代表会议，由村委会拟定初步的处置意见，后交由会议讨论决议。

4. 处置私有财产的权利

《中华人民共和国物权法》规定，传统村落村民的私有财产主要指的是村民自己在宅基地上所建的房屋和宅基地的使用权等。根据《中华人民共和国物权法》第四条规定，国家、集体、私人的物权和其他权利人的物权受法律保护，任何单位和个人不得侵犯。农民有权利在自己所属的宅基地上建造自己的房屋，房屋类型和样式应不受限制。

《中华人民共和国文物保护法》第六条规定，属于集体所有和私人所有的纪念建筑物、古建筑和祖传文物以及依法取得的其他文物，其所有权受法律保护。文物的所有者必须遵守国家有关文物保护的法律、法规的规定。国家住房与城乡建设部也明确规定，禁止传统村落大拆大建。传统村落和普通村落的村民对于自家房屋的处置权利很不相同，为了维护传统村落风貌的统一和原状，村民的房屋处分权利受到了较大的限制。

二、村落旅游经营管理权

村民集体拥有村落的旅游经营管理权，有权参与到村落的旅游经营和管理之中。村落发展旅游，村民需让渡村落建筑、自然风光、环境风貌、人文风情等资源的使用权供游客参观游览，村民参与乡村旅游经营、管理等活动，是其财产权利的构成内容之一。

（一）村落旅游经营权

1. 权利内容

村落旅游经营权是指村民以直接或间接方式参与村落旅游经营的权利。村民能够自主选择适合的经营方式，能够选择是否参与旅游经营。

2. 表现形式

（1）直接经营。

直接经营是指村民在村落旅游经营中的直接参与，其所获得收入为经营性收入，具体包括直接经营景区开发、餐饮、住宿、休闲娱乐设施等。直接经营景区开发是指村民自主经营整体的村落旅游，即组建旅游景区经营企业进行旅游开发和运营，如在2013年以前，西递景区成立村办集体企业——西递旅游服务公司开始景区的运营开发。但是采用这种方式参与景区经营中的比较少见。除直接经营景区开发运营外，在景区内部或周边开设酒店、餐饮店、特色产品售卖店、休闲娱乐服务点等是村民主要参与直接经营的方式。

（2）间接经营。

间接经营是指村民不直接参与面向旅游者的服务活动中，而是通过出租房屋、受雇于其他经营者和参与与旅游相关联的产业的生产经营活动中，其所获得的收入为工资性收入或财产性收入。间接经营也是村民参与的常见方式。现阶段大多数村民受雇于景区经营企业所从事的岗位层次都比较低，处于比较高层次的非常少。

（二）村落旅游管理权

1. 权利内容

村落旅游管理权是指村民通过直接和间接方式参与村落旅游管理的权利。古村落的居民大多以间接方式参与村落旅游管理，如以村委会或者村民集体组织作为代表，直接参与到村落旅游管理中，体现村民的集体意志。村民通过直接参与的方式参与村落旅游管理的情况较少。

2. 表现形式

（1）直接参与管理。

直接参与景区管理的方式大致可以归纳为四种：一是村民组建企业，对村落进行景区开发和运营，企业的管理层主要成员均为社区居民，这种情形非常少见；二是村民委员会作为管理主体之一，参与景区的日常管理，这种情形在大多数的旅游村落都有，但程度不一；三是社区居民自发以组织的形式，成立景区管委会等，协助景区管理，这种情形也比较少见；四是村民以个人的身份进入景区经营企业的管理层中，直接参与景区开发和管理。

（2）间接参与管理。

间接参与管理是指村落中的村民以个体或组织的形式，间接影响景区经营企业的管理行为。间接参与管理的行为在传统村落比较常见，如篁岭景区旅游开发公司下设的社会工作部，就为村民间接参与管理提供了一个渠道。但是间接参与管理的参与力度不强，对管理行为影响程度较弱，村民很难在景区的实际操作中体现出自己的意志。

三、村落资源收益获取权

旅游资源是村落旅游发展的前提与基础。按照分类，旅游资源可以分为自然风景旅游资源和人文景观旅游资源。村落旅游资源的归属权非常难以界定。有形的聚落与建筑可以依据占地的所有者找到归属人，而无形的文化与民俗等则难以辨明具体的归属者，只能认定为村落集体所有。村落旅游开发将带来经营收益，村民作为村落旅游资源的拥有者，出让旅游资源使用权供他人参观游览，应当获取相应的收益。

（一）集体资源收益分配权

1. 村落旅游资源收益分配权

（1）权利内容。

国家旅游局2003年颁布的《旅游规划通则》中明确指出，“自然界和人类社会凡能对旅游者产生吸引力，可以为旅游业开发利用，并可产生经济效益、社会效益和环境效益的各种事物现象和因素，均称为旅游资源”。对旅游而言，村落是个小天地大世界，旅游资源构成类型极为复杂。按照旅游资源的结构、组合方式划分，村落旅游资源可以划分为田园景观旅游资源、乡村聚落景观旅游资源、乡村建筑景观旅游资源、乡村农耕文化景观旅游资源、乡村民俗文化景观旅游资源等。另外，村落的旅游资源也可以分为作为整体资源存在的村落及其附着的有形无形资源；以及作为单体存在的公共建筑等集体所有旅游资源。

（2）表现形式。

村民获得旅游资源收益的方式主要有三种，分别是每年定期的资源补贴、一次性的资源补贴、每年一定比例的门票分红。每年定期定量的资源补贴，是指旅游开发公司定期发放一定数量的补贴费用，该费用的发放一般是先由村民委员会接收，而后按照每户或者每人不同比例分配给村民。也有直接发放给村民情况，如李坑景区以每年每人2320元人民币按季度发放到村民的银行卡中；一次性的资源补贴方式较为少见，在早期的旅游开发中有过，但是后面逐渐转化为其他两种方式；每年一定比例的门票分红是现阶段传统村落旅游开发中常见的方式。

2. 村落土地资源收益分配权

（1）权利内容。

村落土地资源收益包括了集体土地承包经营、土地流转收益分配和宅基地使用权等。村落进行旅游开发，旅游经营商在对村落进行改造建设的过程中，大多需要征集或租借土地用于必要的设施建设，如修建游客服务中心（旅游集散中心）、停车场等。土地征用或者租借带来了集体土地承包和土地流转等利益问题。宅基地的使用权是指农村集体经济组织的成员依法享有在农民集体所有的土地上建造个人住宅的权利。依据我国物权法的规定，宅基地使用权人依法对集体所有的土地享有占有和使用的权利，有权利用该土地建造住宅及其附属设施。古村落由于保护和发展旅游的目的，征用村民宅基地房屋以恢复旧貌或者开发旅游设施，会带来土地资源补偿等问题。

（2）表现形式。

集体土地承包经营和土地流转等收益分配一般是按照直接货币补偿的办法。直接货币补偿又可分为一次性补偿和每年一定量的补偿。宅基地征用补偿的办法除了直接货币补偿外，还有如产权置换等方式，如篁岭景区按照产权置换方式在景区外部建好住宅直接置换村民在景区内部的房屋及宅基地。

（二）居民私产物权收益获取权

1. 权利内容

居民的私产物权一般是指居民个人所拥有的房屋产权。房屋产权是指房产的所有者按照国家法律规定所享有的权利，即房屋各项权益的总和，这表明房屋所有者拥有对该房屋财产的占有、使用、收益和处分的权利。村落进行旅游开发，村落中的房屋大概可以划分为三种情况，一是本身没有景观价值也不必拆迁，可以保留在村庄，该种情况不涉及这方面的利益纠纷；二是本身没有景观价值，但是因为某些原因必须拆迁，则此处涉及利益的冲突，该处房屋应怎样计算价值才是一个比较困难的问题；三是房屋是属于保护范围内的纪念建筑物或者古建筑，拥有较大的观赏、文物科考价值，村民出让房屋供游客参观，村落旅游经营者应该给予部分补偿。

2. 表现形式

居民私产物权获得补偿收益的方式一般为两种，即一次性补偿收入和每年定量补偿收入。一次性的补偿收入大多应用在房屋需要拆迁的情形，通过货币和其他如补偿性房屋等进行补偿。每年定期补偿一般运用在社区居民的房屋租上。社区居民将自家房屋租赁给旅游开发公司供参观或者使用，旅游开发公司每年给予一定的款项给社区居民用作补偿。

第四节　传统村落社区旅游产权感知测量

在村落治理领域开展的政治学研究，多使用定性的事件描述或因素分析来探索农民财产权利的实现程度，这固然是必要的研究手段。除此之外，定量数据的获取，能够便利清晰地开展数个研究对象的比较研究，定性分析则较难达到这种目的。根据前面对相关法律法规的梳理，结合本章第三节对传统村落社区旅游产权的界定，构建传统村落社区旅游产权感知测量量表。并选取适合的观测变量，通过在多个案例地开展半结构访谈和问卷调查，获取居民对各项财产权利感知的数据，以形成定量化的测量结果，对不同发展程度和方式的案例地居民财产权利感知进行横向比较。

一、观测变量选取

如表 3-1 所示，根据传统村落社区旅游产权的内容和表现形式，选取了 11 项观测变量，转化为问卷问题后，用于测量案例地居民对其各项产权的感知。

表 3-1　　传统村落社区旅游产权感知的观测变量

社区旅游产权的内容		观测变量（共 11 项）
村落旅游开发决策权	村落旅游开发决策权	居民对开发决策权实现程度的感知
	村落旅游治理权力结构	居民对现行权力结构的认同度
村落旅游经营管理权	村落旅游经营权	居民对参与经营权实现程度的感知
	村落旅游管理权	居民对参与管理权实现程度的感知

续表

<table>
<tr><th colspan="2">社区旅游产权的内容</th><th>观测变量（共 11 项）</th></tr>
<tr><td rowspan="7">村落资源收益获取权</td><td rowspan="3">村落旅游资源收益获取权</td><td>居民对旅游资源使用费金额的感知</td></tr>
<tr><td>居民对旅游资源使用费支付方式的感知</td></tr>
<tr><td>居民对旅游资源使用费分配方式的感知</td></tr>
<tr><td rowspan="2">村落土地流转收益获取权</td><td>居民对土地流转收益金额的感知</td></tr>
<tr><td>居民对土地流转收益支付方式的感知</td></tr>
<tr><td rowspan="2">居民私产物权收益获取权</td><td>居民对土地流转收益分配方式的感知</td></tr>
<tr><td>居民对私有房屋物权收益水平的感知</td></tr>
</table>

二、测量方法说明

将表 3 -1 中的 11 项观测变量转化为问卷问题后，采用里克特五级量表的形式作为感知水平，结合具体的产权感知内容，根据感知从负面到正面的变化程度，依次设计五个选项。为防止受访者自身对题项理解的偏差，导致感知测量的不准确，在三个案例地的调查，均采用半结构访谈的方式完成，调查员以问卷为访谈提纲，与受访者开展访谈，逐一完成问卷的问题，并根据受访者的回答勾选题项。在调查过程中，围绕与社区旅游产权相关的因素，还设计了多项问题以确保访谈信息的完整，详见附录。

三、感知数据来源

考虑到村落旅游区位、旅游发展方式与旅游经济水平三个因素，选取江西省婺源县李坑村、篁岭村、安义县罗田村三个古村落作为案例地。课题组于 2015 年 1 月 4 日至 11 日，完成了李坑村与篁岭村的调研。2015 年 6 月 25 日至 28 日，完成了安义县罗田村的调研。因 2015 年年初，篁岭景区开放的时间较短，2016 年 6 月，课题组前往篁岭开展了社区发展绩效的后续调查。

实地调查过程中，分别在三个村落完成有效访谈问卷 64 份（李坑村)、65份(篁岭村)、71份(罗田村),其中罗田村有17份问卷因受访者对核心问题不知情导致感知模糊,因而在实际的数据处理和问题分析中,剔除了这部分问卷。研究中各章节用于分析和说明问题的数据,均来自这183份问卷。

三个案例地的数据录入SPSS19.0后,在分析前均进行了可靠性分析,三个样本组数据的克朗巴哈系数都在0.7以上,量表设计合理,数据来源可靠。

第四章　社区型古村落景区的居民旅游产权感知

——对婺源李坑村的调查研究

第一节　研究对象概况

一、李坑村概况

李坑村，坐落于江西省东北部的婺源县秋口镇，距县城12.8千米。该村始建于北宋祥符年间，村民以李姓居多，现有260余户，1400多人，辖4个自然村。李氏家族颇重文教，历代人才辈出，有文武进士13名，南宋乾道三年更是出了一名武状元李知诚。明代以后，徽商大兴，积攒了大量的钱财回到家乡，除建设私宅外，也出资修建宗祠、书院等公共建筑，李坑因此成为婺源东部规模较大较富裕的村落之一，曾被誉为“婺东第一村”。清道光十二年，盐商失去了行盐专利权，整个徽商失势；加之近代时局动乱经商不便，村民生计逐渐从外出经商转向留守务农，村落经济逐渐下滑。

二、旅游发展历程

20世纪90年代以前，李坑村中青壮年多靠外出务工维持家中生计，村内仍以自给自足的农业经济为主。随着1993年婺源开始为世人知晓并与旅游开发联系在一起，也带动了李坑、江湾等村落的经济发展。

李坑村最早的旅游经营由村委会组织开展，唯一基础设施为村落门口的小型停车场，门票销售点设立在村委会办公大楼内，时价 5 元；2001 年，婺源本地私营业主叶如煌的商业介入是李坑村旅游真正意义上的起点，叶如煌在与当地村委会进行了多次反复协商后，经村委会授权取得了 20 年李坑村景区的经营权，在其经营管理的 6 年间，在水电管道、垃圾桶、游步道等公共设施建设方面投入了大量的资金，并根据景区实际情况对其进行保护型开发，但在经济利益分配问题上，村民与叶如煌一直存在意见分歧；2003 年，李坑景区被评为省级历史文化名村；2007 年，婺源旅游股份公司（三清山旅游公司为其大股东）从叶如煌手中收购李坑景区经营权，与其他 11 处景区并归经营。2011 年，景区实际开发经营权交由三清山旅游公司所有，运营至今。

三、样本基本信息

2015 年 1 月，课题组在李坑村的实地调查中，共完成 64 份入户访谈，占全村总户数的 24.6%。访谈中根据受访者的回答，由调查员完成感知问卷。将调查数据录入 SPSS19.0 进行处理，计算得 Cronbach's Alpha = 0.793，一般认为克朗巴哈系数在 0.6 以上的问卷数据即为可信。样本基本信息如表 4 – 1 所示。

表 4 – 1　　李坑村样木基木信息一览表

受访者性别	男		女	
数量	40		24	
百分比（%）	62.5		37.5	
受访者年龄	18 – 30 岁	30 岁 – 45 岁	45 岁 – 60 岁	60 岁以上
样本数量	10	16	24	14
百分比（%）	15.6	25.0	37.5	21.9
受教育程度	初中及以下	高中/中专	大学本科/专科	研究生及以上
样本数量	53	9	2	0
百分比（%）	82.8	14.1	3.1	0.0
本村居住时间	未满 1 年	1 – 5 年	5 – 10 年	10 年以上
样本数量	0	4	1	59
百分比（%）	0	6.3	1.6	92.2

从样本基本信息来看，李坑村受访者的年龄结构呈现出“纺锤形”特征，与一般村落大部分青壮年外出的状况明显不同；受教育程度总体偏低，但是有少数受过高中及以上的教育，高于其他两个案例地。除几名嫁入村中的外来媳妇之外，绝大多数受访者都是原住民。

第二节　李坑村的社区旅游产权实现及感知

一、村落旅游开发决策权

2007 年，婺源旅游股份公司接手李坑景区后，村民选举出 6 位较有威望的年长村民组成村民代表小组，参与景区开发核心领导团队，反映村民的想法和愿望。一段时间之后，村民认为代表们年龄偏大，在思想和观念上有一定局限性，没有妥善的解决村民在利益方面的诉求，另外选举了 6 名年轻代表，不久后被政府及开发公司逐渐架空，代表小组解散。目前，在景区的开发决策方面，村民并无直接参与的机会和发声的途径，凡事只能在事后经由村委会出面，单方面向旅游公司进行反应，且不一定会得到采纳或解决。

访谈中，有 28 名受访者表示 2007 年前后村落的旅游开发决策和经营权更替经过村民会议商议，其中有 22 名受访者表示这一决策经过了到会半数以上的村民支持。大部分受访者表示没有参加这次村民会议，对决策的商议过程所知不多。感知数据统计结果表明，样本对开发决策权实现程度的评价仅为 1.98，介于“非常低”和“比较低”之间，属于负面感知，这一数据也是所有变量中观测值最低的。对现行的政企合作型权力结构的认同度均值为 2.25。

旅游公司在景区入口处有管理办公区，设经理 1 名，副经理 3 - 4 名，负责景区的日常经营和管理。从调查中了解到的情况来看，李坑村虽有多名村民受雇于公司，但公司的管理层和核心部门均无村民参与。就景区实际方向性决策而言，由政府和三清山旅游开发公司一力掌控，村民并无真正意义上的开发决策权。

二、村落旅游经营管理权

（一）参与经营权

访谈中，有45名受访者表示参与了旅游经营，占样本总数的70.3%。从20世纪90年代中期发展旅游至今，李坑已经成为婺源乡村旅游地的典型代表和热门景区之一，村中的大部分家庭都以各种方式参与旅游经营。据2015年1月实地调查的统计结果，村中由村民经营的旅游商业业态情况如下：（1）景区内部食宿兼营设施24家、专营餐饮15家、专营住宿5家，沿街旅游商品购物设施205家，竹筏20个为40个家庭共同租用，除部分沿街商铺为外来商家租用经营之外，其余业态皆为李坑村民经营；（2）旺季时启用的旅游商贸城，有店面58处、摊位43家；（3）景区入口201省道两侧居民新区，有食宿兼营设施49家、专营餐饮设施4家、专营住宿设施18家，旅游商品购物设施13家，另有主要针对旅游者的超市11家，其中大部分经营者为李坑村民。本次调查中，参与旅游经营样本的相关信息数据结果如表4－2所示。

表4－2　李坑村居民参与旅游经营的情况统计

参与经营方式	餐饮	住宿	购物	出租	受雇
数量（家）	16	17	21	4	3
百分比（%）	35.56	37.78	46.67	8.89	6.67
参与时间	未满1年	1～5年	5～10年	10年以上	/
样本数量（家）	1	18	9	17	/
百分比（%）	2.2	40.0	20.0	37.8	/
旅游年收入水平（元）	1万以下	1万～3万	3万～5万	5万～10万	10万以上
数量（家）	6	8	8	18	5
百分比（%）	13.3	17.8	17.8	40.0	11.1

注：本表中百分比，指在参与旅游经营的群体中所占比重。

如表4－2所示，村民参与旅游经营的方式以餐饮、住宿和购物为主。各个阶段开始经营的商家都有，这表明有越来越多的家庭开始参与旅游经营。旅游收入方面的分布较为分散，结合调查中了解到的实际情况，竹筏的收入每年约在7000~8000元不等，临时摊位的收入相对更低；沿街商铺的收入多位于中等区间；10万元以上旅游收入的家庭主要是食宿兼营的大户，事实上，经营年数较久、有一定名气的旅馆，其年收入远超于10万元以上，最高者可达40万元左右，但这样的家庭在李坑村并不多见。

对于社区在旅游经营中的参与程度及经营收入、就业机会的明显增加，大部分受访者表示肯定，统计结果显示，样本家庭对参与经营权实现程度的评价为3.57，高于一般水平。

（二）参与管理权

统计发现，仅有15名受访者表示参与过村落旅游管理事务，占受访者比例为23.4%，主要是以通过向村干部反映问题或参加村民大会的形式；49名受访者表示从未参与过景区管理，比例为76.6%。大多数村民根本没有参与过甚至不了解自身拥有景区开发的管理权，导致村落在进行开发后原住民对参与管理权利方面一片空白。

在通过村民大会决定对村落进行旅游开发后，本应由村民组织形成管理机构，进入到开发公司内部对景区开发的具体情况和开发过程进行管理、监督，进一步加强原住民与开发公司的沟通和交流。一方面，维护自身的资源及财产权利，搭建村民参与景区管理平台；另一方面，能够实时了解景区发展现状，掌握景区门票收入、公共设施建设开销等敏感收支情况，有助于权衡开发公司和村落权利及义务比重，解决村民基本生活保障问题。由于前述措施的缺失，村民对参与管理权实现程度的感知均值仅为2.08，标准差为0.759，原住民参与管理权在李坑村基本没有发挥效用。

三、村落资源收益获取权

（一）村落旅游资源收益分配

根据受访者信息反馈得知，2011年之前，村民按门票总收入提成，由村委会按年度统一发放，每年每人仅有几百元补贴。2011年起由三清山旅游开发公司管理后，景区内村民每人每年可分得 2200 元，此后每年递增 60 元，直至 2016 年合同到期，补助由村委会每季度按户发放，且金额与是否在自家宅基地上新建房屋、加盖楼层等行为挂钩。

相关工作人员表示村部从不扣留资源使用费，每季度政府会给村部拨款 7.5 万元，用于村内建设、招待等。但受访者们均表示，“每季度旅游开发公司发放分红时，村部都会留下一部分钱，但是具体不知道是多少，在我们看来，肯定是不少钱的”。在收益分配权方面，李坑村村民最为认同现行分配方式，较为认同其支付方式，两者统计均值分别为 3.41 和 3.38，标准差为 0.739 和 0.778，资源使用费能及时交至相应村民手中，很少存在拖欠情况。相较于此，村民对旅游资源金额合理程度上则呈现负面感知，2.66 的均值表明大多数受访者认为目前开发商分给村民的资源使用费与现今景区发展程度严重不相符，开发商和村委会只提供了较少的人力、物力投入，但是却享有大部分景区收入。村民对此颇有微词。

此外，村民委对李坑村辖内参与分红的人员资格有具体的要求：参与分红人员除世代居住李坑内且属村委会（包括外出务工的中青年劳动力）管辖外，还包括嫁入景区的妇女、携户口入赘的上门女婿、景区内出生的新生儿、景区外出生但其父母均属李坑村的新生儿，其中，退休有工资村民，享受一半分红。外出打工退休人员子女随父母户口回老家落户，不享受分红福利，嫁出李坑村的女儿，无论是否将户口迁出村落，均不享受分红福利。

（二）集体土地流传收益分配

李坑村公共建筑较少，原有李氏宗祠现改为村委会办公处，旧时私塾已废弃。私营业主叶如煌管理期间曾在李坑村内新建戏台，现已闲置。根据受访者回忆，目前李坑村集体所有的耕地已经非常少，开发商主要征用了第五生产小组的 20 亩农用水田，改建成景区正门口处 300～400 车位的大型停车场，公司每年每亩地补偿 650 千克稻谷，按市价 120 元 50 千克，约 1460 元一亩，补偿金经由村部发放至第五生产小组各成员手中。另外征用部分油菜花地作为景区旺季自然观光景点，每年每亩地补偿 80 元，直接将补偿金发至花田承租者，花田承租者负责油菜花地的日常打理活动。村中其他未有具体使用目的的公共土地使用权，如申明亭等建筑，均包含在村落资源使用费（2320 元）中由开发公司一并取得。

对于集体土地流转收益的金额、支付方式及分配方式方面，三项均值均在 3.20 以上，且标准差均为 0.8 左右，介于“一般”和“比较高”水平之间，此项目村民感知度在各项观测变量的感知中也处于较好状态。

（三）私产物权处置与收益获取

1. 私有物产处置

从访谈中了解到，李坑村内居民新建房屋的程序较为繁复。需提交建房申请，并注明原因及新建房屋面积，待镇政府土地管理所批准后方可开工新建，且外墙结构必须按照统一的徽派建筑风格，保持景区内整体建筑风貌。但每年政府下放的新建房指标极少，一般只有 3 ~ 4 个。此外，政府严格打击违章建筑，每隔一段时间会对景区内违章建筑进行拆除及处罚：非核心区域私自加盖楼层根据面积大小处罚金 5000 ~ 8000 元不等，若加盖楼层致使整体房屋高度超过四层半，则要求该户村民在规定时间内拆除超高部分，若逾时未及时拆除，则由村委会强制拆除并扣除该户年度分红福利；若未超出则仅处罚金并保留加盖楼层。由于核心区域难以在大众监督下加盖楼层，村民多会采用占用公共行步道搭建棚子、小厨房的方式增加自用或经营面积，整改期间，村民搭建 10 米^2 小厨房处以 2000 元罚款且由执法小组立即拆除，15 ~ 20 米^2 小棚处以 3000 元罚款且立即拆除。

每当政府进行景区建筑风貌恢复时，均会与原住民发生不同程度的冲突，村民对申请建房程度的合理程度和违反建筑风貌管理规定处罚措施的合理程度方面均体现出负面感知，均值分别为 2.52 和 2.61，受访者认为很难在景区内申请到新建房资格，随着家庭人口数量的增长，自身生活质量无法得到保证。同时也不能理解在自家宅基地上加盖房屋或搭建外围设施是违规行为，认为政府罚款不合理。

2. 私有物权收益

私有物权收益方面，原住民主要通过外租和自用两种方式进行盈利。景区内现有李瑞才故居、大夫第、李书麟故居、铜绿坊和李知诚故居五处保存完好的古建筑被旅游公司完全租用，公司每年补贴3万~5万元房屋使用费，同时，故居后人会根据故居内植物景观和建筑面积开展旅游活动增加收入。主干道及丁字路口两侧均属于核心商铺区，不少原住民将其店面使用权出租给外地人取得收益，出租20米^2~30米^{2}临街旺铺每年可收得租金7万~8万元，同面积内里店铺一年租金仅为1万~2万元。

在房屋租金方面，原住民对其合理程度都较为赞同，内里居民虽然出租房屋的价格较低，但能理解地理位置带来的收入差异，感知度为3.34。

四、现状与感知小结

从图4－1中可以看出，李坑村原住民对财产权利的波谷值主要体现在开发决策权和参与管理权实现程度方面，说明村民在村落开发决策和管理上得不到参与，处于劣势地位；在村落旅游资源收益分配和集体土地流转收益分配问题上的感知高于“一般”水平，能够重视资源和集体土地的所有权及使用权，并有自己的想法和感知度，也符合村民重视土地的传统，但在资源使用费的金额方面，其感知程度低于“一般”水平；对建筑风貌和建房申请方面的感知也是低于“一般”水平。在图中所有的财产权利感知中，原住民对参与经营权实现程度和私有物权收益实现程度感知度最高，村民会利用各种方式在景区内进行经营活动，提高生活质量。

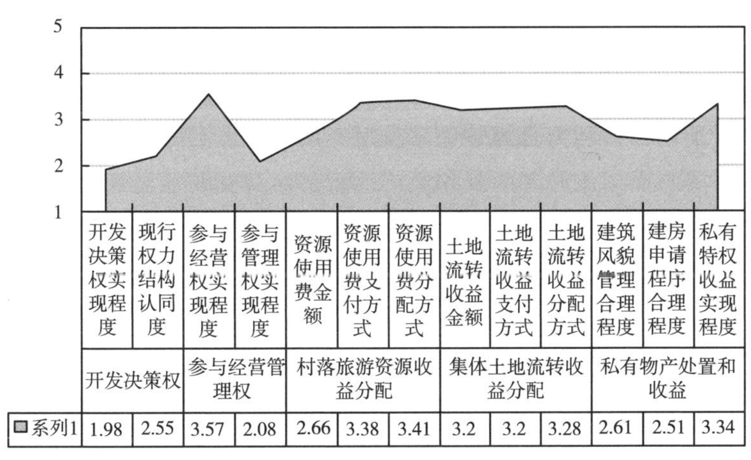

图4－1 李坑村居民旅游产权感知均值（面积图）

总体看来，李坑村原住民对自身财产权利的感知呈现两极化分布，极差为1.59。对能带来短期、实际性收益的财产权利敏感度较大，但是不关注长期、决策性财产权利的参与和把控，因此会导致缺乏对景区整体经济收益的了解和财产分配的话语权，最终导致资源付出和经济回报的不对等现状，造成“捡芝麻丢西瓜”的恶性循环。

第三节　社区型古村落景区的农民产权实现及感知特征

一、社区能够获得较多的直接参与经营机会

就地开发的古村落景区，居民的生产生活空间即是游客的主要活动空间。随着社区开发程度的不断深化，景区知名度逐步打开，慕名而来的游客也日益增加，村落的旅游资源价值、土地价值都会随之提升。由于村落原住民的生活起居均在景区内进行，地理位置上的先天优势使其成为景区真正意义上的主人。不仅如此，原住民更是地方风俗习惯和乡土人情的具象化体现。

村民在景区内的经营参与可分为直接参与和间接参与两种，直接参与是指利用自身财产所有权、使用权进行经营活动如经营餐馆、旅店；售卖旅游纪念品等以及受雇于景区直接为游客提供服务和管理。间接参与是指在一定时期内以营利为目的转置自身财产所有权、使用权，或受雇于景区但不直接参与面向旅游者的服务活动，而是参与到与旅游相关联的产业中的生产经营活动，包括乡村旅游地的种养、手工业品的制作及乡村旅游涉及的农业、林业、畜牧业、渔业、食品加工行业等多个方面。

二、村落资源价值能够得到较好的实现

村落资源价值的实现程度，与旅游经济发展水平有着密切的正相关关系。李坑村中的重要历史建筑使用费、店铺租金、资源使用费金额和征地

补偿标准，明显高于同类村落。在村落旅游发展状况比较好的情况下，没有机会和能力直接参与旅游经营的村民，也可以通过其他渠道共享村落资源价值的增值收益。相比之下，分离型的开发模式中，此类机会和渠道明显更少。

三、社区发展的自主自治权受到明显限制

由于政府和开发公司的介入及游客的到访，原住民的生活范围和作息习惯均受到不同程度影响，且将破坏村落原有的组织机构和管理制度。在政府的行政力量和经营企业的资本力量面前，原住民往往处于弱势地位，社区的自主权和利益诉求很难得到尊重和满足。此外，村落生活生产方式也由自然经济类型转变为商品经济类型，为实现利益最大化，原住民会在相当范围内迎合游客需求，引入外来经济模式和经营理念，在一定程度上动摇村落自主自治权的根本。

四、私有物产的处置权和收益权存在冲突

村民私有古建的保护和村落旅游发展之间的矛盾是社区型古村落景区开发的核心问题。一方面，由于家庭人口数量增长、改善自身居住条件、创造更多经营空间等发展需求，原住民急切的渴望扩展家宅面积。另一方面，家宅面积的拓展必然影响古建筑原有的构造和风貌，从根本上毁坏古村落旅游发展资源，且古建资源是无法再生的。《历史文化名城名镇名村保护条例》第二十八条规定："在历史文化街区、名镇、名村核心保护范围内，不得进行新建、扩建活动。但是，新建、扩建必要的基础设施和公共服务设施除外。"

违章新建、加盖楼房之后，村民在情感上也难以适应面目全非的整体建筑风貌，致使其对村落的感情依托消失殆尽，且对村落未来发展境况尤为担忧。但在强烈经济渴求的驱使下，原住民仍会选择亲手破坏其祖祖辈辈遗留下来的精神财富，在顾此失彼的两难拉锯战中，村民往往会屈服于现实。私有物权处置权和受益权的冲突日益成为社区型古村落景区开发的矛盾交锋点。

第四节 李坑村古建筑景观的变迁与保护

一、李坑村古建筑景观概况

李坑村的聚落主体位于一个东西向的狭长山谷内，山谷东边是封闭平坦的盆地，都是水田。两条溪流在盆地里发源，在村落中心汇合成一条溪流继续流出村口。村中的传统建筑均为徽派风格，依山面水而建，溪流两岸架设多处小桥连通，院落之间用青石板巷道连接，形成井然有序的组群布局。建筑以砖、木、石为原料，木构架为主，装饰上多用砖、木、石雕。

李坑村的建筑布局在明清两代已基本定形，是一处较具规模的古村落。在居民私宅之外，至1961年还保留有宗祠12座，庙宇17座，以及文昌阁、文峰塔等大量公共建筑。20世纪60～70年代，村中的大部分公共建筑被毁，仅余民国年间建的申明亭和几座石桥。此外，还存有四栋明代住宅和数十栋清代住宅。旅游开发以后，经营者租用了李瑞才故居、大夫第、李书麟故居、铜绿坊和李知诚故居五处保存完好的古建筑，作为参观点，其余古建筑则由屋主支配。

二、李坑村古建筑景观保护现状

（一）聚落景观格局发生了明显的变化

随着村落人口的增长，村中原有的宅基地已难满足村民的居住需求，2008年，李坑村所在的秋口镇政府采用招拍挂的方式，在景区外的201省道两侧新规划了一批宅基地，面向秋口镇下辖行政村居民出售，新建的房屋多为三层砖混结构，并要求参照徽派建筑的粉墙黛瓦装饰立面。新区距离景区入口约500米，但与老村的聚落景观有明显的差异，基本形成了新旧分区的空间布局。

350乡道和横跨李坑上空的瑞杭高速高架桥的修建，景区入口的游客服务中心、商业区和停车场的建设、村口旅游商贸区的建设，都在一步步的蚕食着李坑古建筑群周边的田园景观。2014年，在旧停车场外围新建的生态停车场，占用了村中第五小组近20亩水田，所有这些因素，都使得李坑村的外围逐渐呈现出一种景区化和城市化景观的视觉特征。

（二）核心游览区古建筑景观的“形存神亡”

从村口大樟树到村落中心通济桥约400米长的区域，是景区的核心游览区，也是村中古建筑保存最为完好的一个区域。无论是建筑外观，还是内部的布局、摆设、雕饰等，均保存完好。临水而建的徽派建筑，倒映于秀丽溪流中，与错落有致的石桥木桥一起，构成了“小桥流水人家”的美妙意境。

核心区内的李瑞才故居、大夫第两处参观点，是绝大多数李坑游客必到的景点。建筑内部的空间，都被屋主分割成1～2平方米的空间，用于出租或自营旅游商品，具体的种类包括樟木制品、本地土特产、香烟、投掷硬币有奖游戏乃至祖传自制痔疮膏等。建筑内的业态，基本与李坑历史文化和徽派建筑文化无关。溪水两岸，密布着近百家旅游商店，出售大同小异的商品，俨然是一条滨水商业街。来李坑游览的游客，多数只是沿溪畔漫步，拍摄几张有代表性的景物照片，逛逛水边的商店，在景区内的逗留时间一般为2～3个小时。

（三）非核心区域古建筑景观的“形神俱毁”

相比核心区域，非核心区域建筑景观的现状更让人痛心。一方面是公共建筑倒塌破败后无人管理，与李知诚故居一墙之隔的古书院，倒塌已有多年，断壁残垣，野草没墙，至今无人管理。另一方面，2014年国庆节之后，李坑的非核心区域开始出现爆发性的建房热，至2015年元旦期间，新增四层砖混建筑67栋。这些新房密布于通济桥上游的溪流两岸，在体量、材料、外观、内部布局和细部装饰方面，都是纯粹的现代建筑。调查期间，大部分新房尚未竣工，满目尽是脚手架，建筑垃圾随意地堆放在溪水中和过道上，机器轰鸣，尘土飞扬，游客多止步于通济桥。

笔者在过去的十余年间，曾多次到访李坑，亲眼见证了李坑从一个古意悠然的诗意村落，逐渐蜕变成高架桥下熙熙攘攘的热门景区，但 2015 年这次调查所观察到的现状，建筑景观所遭受的破坏程度，远甚于之前。

三、李坑村古建筑景观变迁的主要动因

（一）传统徽派建筑与居民现代生活需求之间的矛盾

1. 传统古建筑的功能布局不能满足居民的现代生活要求

李坑的传统民居，多为高墙深宅的徽派三合院，采光主要靠天井，外墙的窗户少，面积也较小。除厅堂光线充足之外，其他居室多是阴暗潮湿。房屋内部用木质墙面和楼板分隔空间，难以营造多层居住空间，久经岁月后，木材也容易腐朽坍塌，村中有不少清代民居已是危房。房屋内部没有接通排水排污管道的卫生间，也很难改建，居住其中确有种种不便。随着人们生活水平的提高和生活方式的转变，传统建筑已很难满足居民的生活要求。

2. 传统古建筑的空间容量不能适应村落家庭人口的增长

李坑村自北宋年间建村，至今已有千余年，一代代的繁衍生息，村落人口规模自然逐步扩大。近几十年来，人均寿命的不断增长，婴幼儿死亡率的不断下降，人口数量快速增长。旅游发展以后，较之周边的其他村落，李坑有更多的就业机会和更高的人均收入，仅门票分红每年每人有 2000 多元，因而近年来，李坑适婚女性中少有外嫁者，嫁入的周边和外地女性却一直在增加。种种因素，都使李坑村的人口规模进入了快速增长阶段。

子女长大成人成家后，必然要求更多的居住空间，砖木结构的徽派建筑无法通过增加楼层来营造居住空间。古徽州地区的传统做法，是在第一进院落后，新建一个进院落。在住宅已经非常密集的李坑村，这种做法显然已行不通。

（二）古建筑文化景观保护的经济成本与机会成本较高

古建筑保护的高昂经济成本，也是众多居民选择拆旧建新的重要

原因。

首先，木质古建筑的维修成本较高。在已有宅基地上新建砖混建筑，以建筑面积来算，建设成本大约是700元/平方米（不含装修）；进行旧房整修，仅一名木匠每天就要支付220元工钱，而且很难请到技术过硬的木匠，加上购买木材的花费，维修成本不低于新建。

其次，拆旧建新能够提供更多的旅游经营空间和盈利机会。调查中，笔者走访了多户正在建新房的村民，询问房屋用途，他们新建的一般是三层半的新屋，一楼的前半部分是门面，可用于出租或者自营，村中核心游览区20~30平方米的当街店铺，年租金在7万~8万元，非核心区的同等面积店铺，年租金在2万~3万元；其余的房间，除自住外，均可用于经营餐饮和住宿，旺季时，一间房的日租金均在200元以上。选择旧房整修，则相当于放弃了这些可观的盈利机会。换言之，保护古建筑，对当下的村民而言，是一种机会成本非常高昂的选择。

（三）经济水平的提高在客观上推动了居民拆旧建新

老房子的居住拥挤、生活不便等问题，在李坑村发展旅游之前便已存在。当时村落整体的经济水平低下，村民多以务农为生，大部分家庭都不具备建新房的经济条件。经过近20年的发展，李坑村已成为享誉全国的旅游名村，大量村民广泛的参与其中，受惠于旅游。按人头发放的门票分红、出租店铺和摊位的租金、售卖旅游商品和经营餐馆旅馆的收入、受雇于景区经营企业的工资，都大大地提高了村民的收入水平，也在客观上为部分居民新建房屋提供了必要的经济条件。

（四）管理部门、村落居民和景区经营方的保护不力

古建筑是李坑旅游赖以发展的根本，村民、管理部门和景区经营方对此都有着共识，对于村中拔地而起的突兀高楼，三方都觉得终将毁掉李坑旅游的未来，但是李坑村建筑文化景观的现状，却与三方的保护不力有着直接必然的联系：

一是管理部门的规划缺位和管控不当。秋口镇和婺源县的有关部门对李坑村的建房需求，并没有统一明确的规划，仅要求新建房屋不得超过三层，外立面须采用徽派式样。对于已经存在的违章建筑，主要靠几年一次

的综合整治活动统一拆除，最近一次是2011年，执法人员拆除了各类违规违章建筑208间，期间景区关闭了四个月，暂时的遏制了村中的建房之风。平常的建筑景观维护工作，主要由村民委承担，在劝阻无效的情况下，根据情节，对村民处以1万～2万元不等的罚款。从李坑的现状来看，综合整治和违规罚款显然并非长期有效的措施。

二是村民缺乏古建筑保护的动力和知识。从调查的情况来看，每一位受访村民都认为应当保护村落的古建筑景观，但在生活需要和强大的经济动力面前，这种意识很难转化成事实的行动。许多村民认为，新建房屋仅是超出了要求高度半层，对立面进行仿古装饰后，并不会对建筑风貌造成很大的破坏。绝大部分村民对古建筑与仿古建筑二者缺乏认知。村中参观点之一的李知诚故居，是一处省级文物保护单位，公司每年支付给屋主三万元费用，加上出租院内摊位和收取游客触摸古树的费用，旅游年收入逾十万元。为了改善居住条件，营造更多的经营空间，屋主按照房屋原貌，花费二十余万对建筑内部进行了重建，被文物部门以“破坏文物罪”拘留数周，公司也将该景点从参观线路上剔除。访谈中，屋主对这样的处理非常不解，周边的村民则多是慨叹景点关闭后，拉低了周边店铺的租金，几乎没有人真正意识到屋主的行为性质。

三是景区经营方缺乏对古建筑文化保护的行为立场。相比管理部门，公司是在场的经营管理方，对村中建筑景观的变迁感受清晰深刻，保护古建筑的态度鲜明，在其与李坑村签订的协议中，也明确将保护建筑风貌列入村民的义务之中。但公司是一个市场主体，没有执法权，面对村中越演越凶的乱拆乱建现象，也只能是告知村民扣押违规户的当年分红，除此之外，别无他法。

自2014年国庆假期后的这场建房乱象，在短期之内能够满足部分村民的生活需要和经济发展需求，却使李坑村的建筑景观遭到了不可逆转的破坏。随着这一批新房的落成，李坑村又将增加几十处接待设施、数百个床位，能够容纳更多的游客在村中住宿。过夜游客的快速增加，对水、电、排污等基础设施又是一场考验，村中已不再清澈的溪流，将承担更多的排污压力。一些多次来访的游客，对这样的变化已有明显的察觉。任由其发展下去，小桥流水人家的景象终将不再，李坑的旅游业前景也终将暗淡。

本章小结

本章关注的是婺源县李坑村的居民财产权利感知问题。个案是典型的社区型古村落景区，对其进行深入细致的研究能够具备类型上的解释意义。通过实地走访、半结构访谈和问卷调查，明确村落旅游开发中居民财产权利的实现程度与相关的基本事实，利用 SPSS 软件对感知数据进行统计分析，以形成定性分析与感知测量之间的印证。

研究结论表明，旅游发展与居民生活共享村落空间与资源的就地开发方式，能够使居民获得较多的参与经营机会，聚落景观、村落土地、屋宅等资源的价值能够得到较好的实现，但社区发展的自主自治权受到明显限制，居民对开发决策权和参与管理权的负面感知非常明显。同时，居民对私有建筑的随意处置，与传统村落旅游资源的保护、社区旅游受益之间的冲突，已成为制约传统村落旅游和社区发展的关键矛盾。

第五章　非优区传统村落的社区旅游产权感知

——对安义罗田村的调查研究

旅游非优区，是指研究区的旅游资源本身的景观美学价值偏低、景点组合欠佳或丰度较低，结构规模不理想，与同一区域范围内的其他旅游资源相比处于相对劣势的区域，或者其与大区域范围内其他区域比较，其所处的资源区位、经济区位、客源区位、交通区位、文化区位、认知区位欠佳，旅游开发处于相对劣势的区域①，本书将符合上述特征的古村落称为非优区古村落。

目前，非优区古村落旅游的开发面临着诸多困难和挑战。一方面，这类古村落之所以能在城镇化的浪潮中保留下来，主要是因为交通闭塞而得以幸免；另一方面，交通闭塞，可达性差，在途时间成本高也成为古村落旅游开发的直接障碍。同时，古村落保护和修复前期资金投入大，开发经营压力巨大，许多古村落旅游开发水平低下，难以适应客源市场不断升级换代的旅游需求；此外，古村落复杂的产权关系和相对不规范的经营环境也吓退了许多有投资能力和投资意愿的开发商，使古村落的开发和经营举步维艰。

---

① 隆学文，刘立勇．旅游非优区开发策略［J］．首都师范大学学报（自然科学版），2002（4）：79－84.

第一节 研究对象概况

一、罗田村概况

罗田村位于南昌市安义县境内，占地面积290多亩，距县城14千米，距南昌市60千米，昌北机场35千米，距九江港口和国际名山庐山120千米，京九铁路新祺周车站30千米。由于临近昌北机场和昌九高速公路，处于南昌市半小时交通圈以内，因此交通十分便捷，区位条件良好。罗田村是安义古村群三个古村之一，至今已有1000多年的历史。罗田村是当年香客赴西山万寿宫朝拜许真君的必经之地，商贾云集，称一时之盛。村内古街、麻石板道、古车辙清晰可见，整个村庄至今保留着完整的地下排水系统。民居古建、砖雕、石刻、木雕构件古朴而精美。精美绝伦的建筑装饰、文情脉脉的匾额楹联、古朴纯真的民俗风情、多姿多彩的乡土文化，构成了人与自然高度和谐、自然美与艺术美相结合相融洽的环境空间。

二、旅游发展历程

罗田村为安义古村景区的核心村落，景区由罗田村、水南村、京台村这三个相邻的自然村连缀而成，曾是赣商往来的繁华市镇。安义古村景区的发展分别得到了国家、省、市三级政府的肯定，先后被评为“国家3A级旅游景区”“全国农业旅游示范点”“中国历史文化名村”“全省乡村旅游示范点”“江西省爱国主义教育基地”“江西十大乡村美景”、南昌城市名片、南昌“新豫章十景”“南昌市最具开发潜力的乡村游景区（点）”。

安义古村景区自2006年开始进行旅游开发，并成立了安义县古村群管委会，帮助协调、解决景区开发建设中的实际困难和问题；同年安义县将县旅游局长派驻到与香港恒茂集团共同组建的江西安义古村旅游开发有限公司担任总经理，负责安义古村群景区总体开发。同时，采取政企合作开发模式，引进实力雄厚的香港恒茂集团，共同成立江西安义古村群旅游开发有限公司。2014 年，恒茂集团撤出安义古村的开发，县政府开始全面接管江西安义古村群旅游开发有限公司，景区开始进入政府开发管理的阶段。

2010 年，安义古村景区年旅游人次达到 52 万人次，门票收入 152 万元人民币。2010 ~ 2014 年，旅游接待人次稳步上升，门票收入上升明显，2014 年景区旅游人次达到 57 万人次，门票收入达 762 万元人民币。景区现阶段旅游收入以门票收入为主，几乎没有其他类型的收入。由于受资金制约，景区内旅游基础设施不完善，旅游商品开发严重滞后，古村群旅游开发与保护的矛盾突出，目前尚未形成规模效应。

三、样本基本信息

罗田村共有 506 户，1876 人，本次调查以户为单位进行，共完成 71 份入户访谈，录入 SPSS19. 0 进行统计。71 名受访者中，有 17 名对部分核心题项所涉内容不关心或是不清楚，无法完成完整的访谈，因而在数据分析时，将这 17 份样本剔除。剔除 17 份“不关心”群体的样本数据后，保留了完整的 54 份案例。文中所使用的感知均值数据，均来源于这 54 份数据。涉及 22 个变量，用 SPSS 对数据进行信度检验。可靠性结果 α = 0. 868，在可接受范围内，问卷设计和数据质量可靠。

受访居民其中男性有 28 人，女性有 43 人。受访者年龄在 18 ~ 30 岁的有 5 人，占 7%；30 ~ 45 岁的有 8 人，占 11. 3%；45 ~ 60 岁的有 22 人，占 31%；60 岁以上的有 36 人，占 50. 7%。受访者学历为初中及以下的有 67 人，占 94. 4%；高中或中专学历的有 4 人，占 5. 6%；专科及以上学历者为 0。具体如表 5 - 1 所示。

表 5 - 1　罗田村样本基本信息

受访者性别	男		女	
样本数量（个）	28		43	
百分比（%）	39. 4		60. 6	
受访者年龄	18 ~ 30 岁	30 ~ 45 岁	45 ~ 60 岁	60 岁以上
样本数量（个）	5	8	22	36
百分比（%）	7	11. 3	31	50. 7

续表

受教育程度	初中及以下	高中/中专	大学本科/专科	研究生及以上
样本数量（个）	67	4	0	0
百分比（%）	94.4	5.6	0	0

第二节　罗田村的社区旅游产权实现及感知

一、村落旅游开发决策权

（一）现状

调查发现，罗田村村民在旅游开发决策中的参与程度比较低。罗田村在与企业签订开发协议时只有 7.4% 的村民认为召开了村民会议商议，有 90.7% 的村民认为未召开村民会议商议，1.9% 的村民记不清楚是否召开。具体如表 5－2 所示。以上数据说明，在与企业签订开发协议时虽然召开了村民会议商议但会议通知不到位，导致知道该会议的村民较少。召开村民会议时，只有 5.6% 的人认为会议决策经过了到会半数以上村民的支持。说明罗田村在进行旅游开发决策时，安义县政府及罗田村村委对社区的旅游开发决策并未予以充分重视。

表 5－2　　旅游开发决策是否经过村民会议表决情况

是否召开村民会议商议	人数（个）	百分比（%）
是	4	7.4
否	49	90.7
记不清	1	1.9

（二）感知

经测算，罗田村居民对旅游开发决策权的感知度为 1.27，是所有感知数据中最低的一个。结合实地调查中了解到的情况，与恒茂地产签订旅游开发协议的时候，绝大部分的村民并不知情，完全是安义县人民政府的单方决策。恒茂在安义经营数年，但村落旅游并无明显起色，后转由安义县旅游局主导开发，此事也没有经过村民委同意，完全是政府方面的决策。

村民们对罗田村权力结构的认同度（即目前罗田村政府主导型的村落旅游治理模式的认同度）为 2.16。村民对现行权力结构的认同度不高，原因有两个：一是居民建房问题突出，村中年久失修的老房子漏雨、坍塌严重，无法保障村民生活质量。村落由于旅游产业的开发，建房名额极其有限，建房申请很难获批。地方政府对村落建筑风貌的管控非常严格，曾发生过数次强拆房屋的情况，因此引发冲突。二是村民的知情权没有得到应有的尊重，主要表现在两个方面：一是村委会账目不透明，村民根本不知道旅游开发村委会所获得门票分别用在了他们生活何处，使他们对于旅游开发的获益没有感知；二是村委会和村民的协商尚未达成一致，旅游开发的相关行动就已经展开。

二、村落旅游经营管理权

（一）村落旅游参与经营权

1. 现状

罗田村村民参与旅游经营的程度不高，受访者中仅有 38.9% 的村民参与了旅游经营。参与旅游经营的村民中有参与时间超过 10 年以上的占 23.81%，参与时间在 5～10 年占 19.05%，1～5 年的占 47.62%，未满 1 年的占 9.52%。受访者参与旅游经营的时间分布符合了罗田村旅游发展的趋势，2010 年，景区年旅游人次达到 52 万人次；2010～2014 年，旅游接待人次稳步上升，门票收入上升明显，2014 年景区旅游人次达到 57 万人次。

表 5－3　　受访者参与旅游经营的时间

参与时间	未满 1 年	1～5 年	5～10 年	10 年以上
样本数量（个）	2	10	4	5
百分比（%）	9.52	47.62	19.05	23.81

注：本表中百分比，指在参与旅游经营的群体中所占比重。

罗田村村民参与旅游经营的方式比较传统，多为餐饮、住宿或受雇。受访者中参与旅游经营的方式将近一半为从事餐饮行业，占比 42.86%；受雇与旅游相关行业的占 28.51%，从事住宿行业的占比为 19.05%；购物、出租、受雇所占百分比分别为 9.52%、4.76%、28.51%，具体见表 5-4。

表 5-4　受访者参与旅游经营的方式

参与经营方式	餐饮	住宿	购物	出租	受雇
数量	9	4	2	1	6
百分比（%）	42.86	19.05	9.52	4.76	28.51

注：本表中百分比，指在参与旅游经营的群体中所占比重。

罗田村参与旅游经营的村民年收入普遍不高。据统计，2015 年全国居民人均可支配收入为 28844 元，农村居民人均可支配收入为 10489。罗田村村民参与旅游经营的群体中年收入在 1 万元以下的占 28.57%，1 万 ~3 万元的占 42.86%，3 万 ~5 万元的占 9.52%，5 万 ~10 万元的占 19.05%，10 万元以上的为 0，具体见表 5-5。说明罗田村旅游经营的效益不高，因而参与经营的人收益较低。

表 5-5　受访者家庭旅游年收入分布

年收入水平	1 万元以下	1 万 ~3 万元	3 万 ~5 万元	5 万 ~10 万元	10 万元以上
数量	6	9	2	4	0
百分比（%）	28.57	42.86	9.52	19.05	0

注：本表中百分比，指在参与旅游经营的群体中所占比重。

2. 感知

罗田村对旅游经营权的感知度为 2.8，比开发决策权、管理参与权等都要高。这也与实际情况相符，罗田村进行旅游开发之后，不少村民们开始自发性地利用地段优势在自家开店做小生意，通过开饭店、卖饮料、特色小吃等方式参与景区的旅游经营。

（二）村落旅游参与管理权

1. 现状

罗田村村民参与景区管理的程度较低。调查发现，在 54 名受访者中，仅有3名受访者表示参与过村落旅游管理的相关事务，占比仅有5.6%；表示没有参与过景区管理的占比高达94.4%。村民们参与景区管理的方式有：参加村民大会发表意见、向村干部反映个人看法、向旅游开发公司管理人员反映问题等。

2. 感知

罗田村村民对管理参与权的感知度为1.45，村民景区管理参与度比较低。原因有三：其一，罗田村村民对于村落旅游公共事务的概念很模糊，他们并没有意识到公共事务对于他们日常生活的影响，因此大部分村民怀着事不关己的态度，不愿意参与旅游公共事务；其二，由于建房等问题导致村委会和村民之间关系并不融洽，村民上交的建房申请迟迟不批，造成了他们意识中村委会的不作为，因此村民认为即使向村干部、村委会提出自己的意见，也不会得到实施；其三，村中居民多以老人、儿童为主，老人以安养天年的心态为主，不愿意参与旅游公共事务的管理，绝大多数的青壮年都在外打工，以此养家。

三、村落资源收益获取权

罗田村村民参与收益分配的程度比较低，相关分配制度也不公开透明。

（一）村落旅游资源收益分配

1. 现状

由于资源使用费本身形式特殊，具体包括减免村落居民水电费等，仅有少部分村民清楚水电费减免与村落旅游发展之间的关系，因而访谈中不少村民认为经营方根本没有支付资源使用费。此外，旅游经营者（县旅游部门）将现金形式的资源使用费（主要是门票分红）交付给村民委后，村民委截留了大部分作为公共经费，到村民手中的所剩无几。

2. 感知

在旅游资源经营收益分配中，村民们对资源使用费金额合理程度的感知度为2.08，对资源使用费支付方式合理程度的感知度为2.20，对资源使用费分配方式合理程度感知度为2.29。旅游开发公司每年给村委会支付12万元，这部分的费用包括村民土地租用租金的支付，景区内环卫、照明等基础设施的费用，相关管理人员表示每年公司支付给村委会的门票分红有限，所以并不会分发到村民的手中，村委会将该部分资金用于一些公益事业包括水利设施、环卫设施等方面。村委干部表示现在每年公司给村委支付的资源使用费是定额支付，但随着政府接管公司之后，计划按门票收入10%进行分红。除去每年固定的门票分红外，村民私有房屋用于旅游开发的修缮、租金等费用公司会有另外支付。但是在实际调查过程中，资源使用费的支付与分配方面就公司、村干部表述的情况与村民感知情况相差较大，村民们大都不清楚资源使用费的金额、支付与分配的详细情况。

（二）集体土地流转收益分配

1. 现状

经营者在村落周边征用了大面积的良田和菜地，用于营造油菜花大地景观和停车场等设施的修建，对土地用途的变更主要有三种渠道，具体的土地流转补偿形式也不一：一是一次付清补偿金，水田每亩6000元，使用50年，也有不少受访者反映被征收土地的家庭，可以选择另一种补偿方式——每一亩水田享有一个低保名额，每个月有104元的低保补贴；二是按年支付补偿金，275千克稻谷/亩/年，稻谷价格参考当年市价；三是租用菜地，3000元/亩一次付清，或者40元/亩/年。村民表示，被征去的都是两季稻的水稻田，田地被一次性买断之后家中生活来源少了种田的经济收入，征地补偿金额也远远低于农民可以通过种田所获得的价值，同时之前承诺的低保在2016年已经取消。

2. 感知

村民们对旅游开发时征地补偿金额合理程度的感知度为2.14，对征地补偿支付方式合理程度的感知度为2.59，对征地补偿分配方式合理程度的感知度为2.67。调查发现，只有部分村民的田地被公司征收或租用于当地的旅游开发。被征收或租用土地的村民并不能接受公司支付的土地使用补偿价格，但还是被强制征收。土地的征收往往只与利益相关者之间有较大的联系，公司发放的土地资源使用补偿费用确有落实，但是被征用土地的村民和未被征用土地的村民对此表现出了不同的反应。

（三）公共建筑收益分配

1. 现状

安义罗田村的公共建筑主要为奇石馆和六甲香火堂，村中的奇石馆原为老年人活动中心，现被作为景点开放，租金是8000元/年，由使用方承担古建修缮费用，8000元租金支付给村民委员会。香火堂并没有支付租金。由于村委未公布财务情况，村民对于具体的公共建筑使用费并不了解。

2. 感知

村民们对公共建筑使用费金额合理程度的感知度为2.71，对公共建筑使用费支付方式合理程度的感知度为2.76，对公共建筑使用费分配方式合理程度的感知度为2.71。在调查访问的过程中我们发现，村民对于村里公共建筑的利用情况是众说纷纭的，部分村民压根不清楚村里是否存在公共建筑，对于公司或村委使用公共建筑所支付的租金也没有一个确切的数字。由于公共建筑被用于村落旅游的开发并未给村民带来很大实际利益，故大部分村民对于公共建筑的使用给他们自身带来的影响的态度是无所谓或不介意的。有部分村民对于公司支付的公共建筑修缮费用表示了不满，认为钱太少且没有支付到村民的手中。据有些村民反映，公共建筑被利用后导致老人没有了休闲娱乐的场所，给他们的生活造成一定的不方便，同时，由于村委不公布财务情况，村民对于具体的公共建筑利用费也是一知半解。

（四）私产物权处置与收益获取权

1. 现状

由于发展旅游的需要，罗田村所在县镇政府对村内的建筑景观风貌进行了较为严格的控制，景区范围内一律不允许拆旧建新。需要建房的村民先往村民委递交申请，再往上交到镇土地管理所，还需要交3万~5万元的建房押金，房屋落成，由主管部门审查符合建筑风貌管理规定后，才能退回。私产物权的转让收益，主要体现在两个方面：一是村民将自家的祖屋作为参观景点，租给村落旅游经营方，如罗田村的士大夫第，但是租金比较低，2~3元/平方米/年（一共400多平方米）。二是村民将自家的房屋出租给他人，作为餐馆、旅馆、旅游购物商店等经营场所，罗田村有两三家这种情况，年租金在几千元到 1 万元出头不等。因为村落旅游发展状况不佳，所以私产物权转让的收益也非常有限。

2. 感知

罗田村属于传统村落，居民对私宅的支配权，会受到文物保护和地方政府对景区建筑风貌管理规定的限制。罗田村所在县镇政府对村内的建筑景观风貌进行了较为严格的控制，景区范围内一律不允许拆旧建新。村民们对处罚违规建筑措施合理程度的感知度为 2.01，申请建房程序合理程度的感知度为 2.29。按照江西安义古村群旅游开发有限公司要求，罗田村的居民住宅不得超过 2 层半，屋顶需要修成马头墙，采用青砖，使之保持古村落的美感。新建房屋要交 3 万 ~5 万元的建房保证金，如果修建的房屋与标准相违背，则会扣除保证金，并且按要求改建，如果申请没有得到批准就建房，则村委会会联系相关部门派遣拆除工程队对相应建筑物进行强制拆除处理。

村民们对私产物权收益金额合理程度的感知度为 2.80，调研过程中发现属于景区的前街村民和不属于景区的后街村民反映有些差异。后街的受访者普遍表示他们没有得到任何形式的补助，只有前街景区核心部分的一些私人建筑用于旅游参观才会获得一定的租金和修缮费用。

四、现状与感知小结

从图 5 -1 中可以看出，罗田村居民在开发决策和参与管理权实现程度方面的感知非常低，说明村民在村落旅游管理上严重缺少话语权，而处于非常劣势地位；在资源使用费的金额和支付、分配方式以及土地流转收益金额方面的感知也很低，但在集体土地流转收益的支付、分配方式以及公共资源收益分配等问题上的感知比较接近“一般”水平。在图中所有的财产权利感知中，原住民对参与经营权和私有物权收益实现程度的感知度最高，但仍然没有达到“一般”水平，说明村民缺少在景区内开展经营活动的机会，难以改善目前的收入水平和生活状况。

总体看来，罗田村的原住民对自身财产权利的感知均低于“一般”水平，有些权利方面的感知属于非常负面的状态，如果不采取应对措施进行

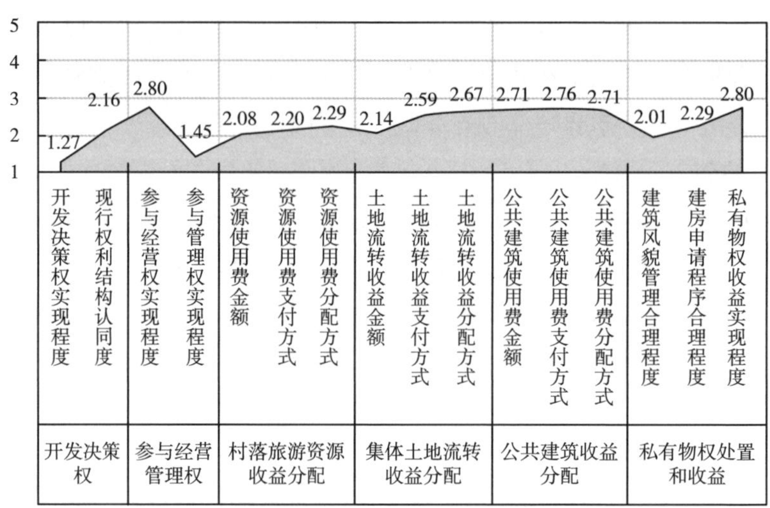

图5-1 罗田村居民对财产权利实现程度的感知（面积图）

改善，势必严重挫伤居民旅游开发的积极性，最终会制约甚至危害整个罗田村旅游的健康、可持续发展。

第三节 非优型传统村落的旅游影响与发展代价

作为非优型的旅游古村落，罗田村旅游发展一直不温不火，社区旅游产权的实现程度也比较低。罗田村在进行旅游开发时，虽然给村民们带来了经济、文化、环境等方面的积极影响，但是村民们同样也承受了来自旅游发展对生产生活的种种局限，主要涉及资源整体外包、土地征用、旅游发展等方面。

一、居民对村落旅游影响的感知

（一）资源整体外包的影响感知

受访村民中有35.2%的人认为资源整体外包给生产生活造成了不便，

61.1%的受访者并不认为资源整体外包给生产生活造成了不便，如表5-6所示。访谈中，有部分受访者表示村落发展旅游以后，家中有外地亲戚来访，就要到景区门口去接；为了保持村落的环境整洁，村镇管理部门要求村民不能养走地鸡、不能在外面晾晒衣物，也在一定程度上造成了他们的不便利；之前作为老人活动中心的公共建筑，被用于游客参观，导致老年人连个公共活动场所都没有。此外，还有部分村民反映旅游旺季时，游客随意践踏油菜花地，还有些游客偷摘村民园地里的瓜菜，他们十分反感。

表5-6　资源整体外包的影响感知分析

资源整体外包是否给生产生活造成不便	频率	百分比（%）
是	19	35.2
否	33	61.1

（二）土地征用的影响

有66.7%的受访者认为土地被征用之后给生产生活带来了极大的不便，如表5-7所示。罗田村征地面积是比较大的，土地补偿金在所调查的三个村落里面是最低的，而且征收时间多为50年，这导致不少家庭变成了生活在农村的失地农民，因而罗田村大部分留守在家的都是些老人和孩子，年轻人都必须为了生活外出打工来维持家庭开支。

表5-7　土地被征用的影响感知

土地被征用是否给生产生活造成不便	频率	百分比（%）
是	36	66.7
否	14	25.9

（三）旅游发展的影响感知

罗田村的旅游发展除了增加了村民的收入、就业机会，促进了罗田村与外界文化的交流等，同时也对其他方面产生了影响，具体包括物价水平的变化、环境卫生的变化、社会风气的变化等。从数据来看，旅游给罗田村民带来的最直接的益处，仅仅是村落环境卫生的改善，村民们对环境卫生变化的满意度为3.86。旅游开发以后，村镇制定了卫生管理规定，旅游经营方雇用了清洁工负责日常清扫。村民们对物价水平变化的满意度为3.14，由于旅游者的消费能力通常高于旅游目的地的居民，随着游客的增加，难免会引起当地物价上涨，损害了当地居民的利益。对社会风气变化的满意度为3.24，一方面，旅游发展有助于改变传统观念和社会意识，有助于文明的传播和良好社会风气的形成；另一方面，旅游也可能给当地带来偏差的示范效应，引起当地社会道德标准的下降，使当地居民丧失原有的淳朴。

二、非优型古村落发展旅游的成本与代价

罗田村的旅游资源特色并不突出，古村落的建筑、文化等资源品位比不上婺源李坑、流坑等。交通区位条件也一般，距离南昌市60千米，公共交通亦不十分便利。周边既没有著名景点，本身也尚未形成巨大的带动效应。开发经营管理的模式几经变化最终还是由政府主导开发管理，在管理模式、资金投入力度上也没有优势。此外，罗田村目前仅有传统的餐饮、住宿等业态，旅游业态比较单一，带给当地村民的收益十分有限。但是罗田村在旅游开发过程中，村民们付出的成本和代价并不少，主要表现在以下四个方面。

（一）古村落旅游资源的贡献及保护政策的僵化

罗田村村民们为了发展旅游，贡献了公有建筑奇石馆和六甲香火堂，奇石馆在旅游开发以前是村里的老年人活动中心。并以较低的价格出租了一些有参观价值的私有建筑，如士大夫第及绣花楼等。旅游开发公司在旅游开发之初对村中40~50栋的古建筑进行了维修保护，这些措施使得罗田村一大批古建筑得以保存。由于发展旅游的需要，罗田村所在县镇政府对村内的建筑景观风貌进行了较为严格的控制，景区范围内一律不允许拆旧建新。建房要申请并交纳保证金，如果不符合建筑风貌管理规定就要改建甚至被强制拆除。建筑风貌管理标准的执行使得村落大部分原始风貌得以保存，青砖、石材、土坯、木架仍然是村中的主要建筑形式。但是除了核心景区的老旧房屋之外其他房屋基本没有被维修过，而且核心区以外的房

屋并没有修缮费，村委会也禁止居民对自家的楼房进行维修和改建。这对村民的日常生活带来了极大的不便，一方面，老房子年久失修很容易发生坍塌；另一方面，罗田村虽然每年新建住房指标有2~3个，根本无法满足村民的住房需求，有经济实力改善住房条件的村民也难以实现住新房的愿望。罗田村对古村落资源保护政策的僵化，使住房问题成为目前罗田村旅游开发与村民之间最大的矛盾之一。

（二）村民生产生活空间的被共享

村民们被共享了原本的生产生活空间，主要表现在：（1）被共享了原本私密的生活空间，一些游客未经允许就进入非游览区的村民家中，打扰了村民原本安静、私密的生活空间，有些村民甚至反映游客随意拿走村民的私有物品；（2）为了保持村落的环境整洁，村镇管理部门要求村民不能养走地鸡、不能在外面晾晒衣物，也在一定程度上造成了村民日常生活的不便；（3）部分村民反映旅游旺季时，游客随意践踏油菜花地，影响正常的农作物生产。还有些游客偷摘村民园地里的瓜菜，村民们十分反感，但景区管理部门并未对游客有所约束。

（三）村民参与旅游发展的“权力感”弱化

罗田村开发旅游时在村落周边征收或租用了大面积的良田和菜地，用于营造油菜花大地景观和停车场等设施的修建。但是其土地流转的收益分配并不透明公开，许多村民对此感知度并不高，可以说，村民们并没有享有应有的土地流转的收益分配权。此外，旅游资源经营收益和私产物权收益的分配制度也不甚透明公开，村民们对该项权利的掌握也充满无力感。许多资源是由村集体共享的，村民们有权参与景区开发、经营和管理中。但实际情况是罗田村旅游开发主要是由政府主导的，村民参与景区开发管理的程度较低，村民们并没有实现其开发决策权和管理权。

本章小结

现实中，旅游经济发展迅速、带动效应好的传统村落，只是少数。更多的村长期处于低位发展状态，游客规模上不来，品牌影响上不来，村民难以从村落旅游中获取参与机会。但同时，他们却不得不承受社区旅游发展带来的约束与代价，内生的发展需求受到明显限制。这是与罗田村类似的非优型传统村落普遍面临的问题。

从罗田村调查的情况来看，当村落旅游发展不理想的时候，社区居民对旅游产权的感知，很难达到正面状态。罗田村受访者对社区旅游的开发决策权、经营管理权、资源收益获取权的感知，均为负面，社区处于明显的弱权利状态。尤其是政府对传统村落古建筑的保护政策过于僵化，使得居民合理的住房需求长期积压，成为村落旅游发展中最大的矛盾。社区在旅游发展中获取的实际收益，是影响社区旅游产权感知的关键因素，当村落旅游发展不理想，收益低微时，社区对旅游发展代价的包容度，也会随之降低。

第六章　产权置换模式下的传统村落社区旅游产权感知

——对婺源篁岭村的调查研究

第一节　研究对象概况

一、篁岭村概况

篁岭村位于江西省东北部婺源县境内，现隶属江湾镇栗木坑村委会管辖，坐拥婺源旅游东线，距离婺源县城39千米。其四面环山，全村186户人口600多人。由于篁岭交通不便，易发生地质灾害。婺源县人民政府在1993年和1998年先后两次鼓励村民集体搬迁下山，至整体搬迁之前，该村仅余村民73户，约320人。

婺源是古徽州一府六县之一，历史悠久，一直被外界誉为“中国最美的乡村”，而篁岭村通过2013年开始的试营业到现在的全面运营，现已成为婺源最为著名的旅游景点之一。篁岭村为曹姓所建，建村历史约为500年，一直是藏在婺源县江湾镇东部石耳山中的一个偏僻而幽静的小山村。村落的整体形态以自然山川地势为依托，呈扇形分布之势，村落远处的梯田层层叠叠，环绕于山间，景色十分壮观。村中房屋鳞次栉比，村口古木参天，绿树成荫，仅红豆杉就有80多株。特殊的村落地形使得村中空地稀少，村民们自古就有在自家屋顶木架上晒红辣椒、稻谷等农作物的传统，形成了全国闻名的“晒秋”特色景观。

二、篁岭乡村旅游的缘起

婺源是中国乡村旅游的典型代表，它为中国乡村旅游奉献了“全域旅游模式”，创造了具有世界意义的“最美乡村·梦里老家”品牌，是江西最具盛名的全域旅游目的地。在近20年的发展历程中，婺源旅游取得了注重包容发展、尊重基层创新、在发展中解决发展问题等三大基本经验。总体来看，经历了以下几个发展阶段。

（一）“架杆收费”的蜂起与纠结

婺源乡村旅游启蒙于20世纪90年代初。一些摄影家发现了婺源“小桥流水人家”的徽派民居之美，并向外传播，敏感的背包客纷至沓来。当时的婺源，只要在古村村口修一个游客服务中心，筑一道挡墙，就是一个景区，就可以开闸售票、“架杆收费”。江湾、李坑、晓起、汪口、思溪、延村等一批古村落景区应运而生。开发的主体既有政府的，又有集体的，还有个人、个体和私企。他们多元并起、各显神通，以跑马圈地般的激情构成了婺源乡村旅游蓬勃发展的初始力量。

1999年前后，婺源县旅游局印制了全县统一的景区门票，要求所有景区申领使用。此举在将各个景区纳入行业管理的同时，承认了他们经营行为的合法性。婺源官方的适时介入，迅疾形成了“全县抓旅游、全民做旅游”的氛围。

2001年5月，江泽民同志视察婺源，并为江湾中心小学题词。国家主席的“名人效应”，迅速汇聚各方关注，婺源乡村旅游一夜成名、供销两旺。同年，县政府将“婺源文化与生态旅游区”申报为迄今为止全国唯一一个范围覆盖全县的3A级景区。同一时期，各经营主体则建起了4个4A级景区、11个3A级景区。市场自发的力量把婺源旅游推向快车道，形成了古村观光型的1.0版，也就是“卖资源”的阶段。

此时，村落公共景观和村民私人住宅注入旅游经济后，产生的复杂产权纠葛开始凸显。（1）集约管理与小农习惯的矛盾。各经营主体难以协调村民的行为，村民纷纷自作主张破墙开窗、破窗开门、搭建临时建筑、摆摊设点，破坏了古村的静谧氛围。（2）保持风貌与新建设施的矛盾。徽派古村风貌相似，想实现差异化，就需新建设施，而新建的设施又往往破坏风貌。(3) 公共品牌与分散营销的矛盾。“最美乡村”品牌是公共品，存在外部经济。各经营主体外出营销的积极性越来越低，而倾向于争抢已到婺源的游客。

统一的品牌与庞大的市场，需要具备相应能力与格局的企业来运营。政府、专家和业界一致认为，“小、散、乱”已成为制约婺源乡村旅游发展的症结，亟待做大做强龙头企业。

(二)“油菜花海”的崛起与犹疑

婺源乡村旅游的小、散、乱引起了各方互动。2007 年，县政府主导的江西婺源旅游股份有限公司成立。当年，公司采用收购、回购、参股等多种方式，整合了江湾、大鄣山卧龙谷、灵岩洞、李坑、晓起、思溪延村、文公山、汪口、石城、百柱宗祠等 10 个景区，第二年又整合江岭、彩虹桥和严田等景区。公司囊括了已有的 4 个 4A 级景区，涵盖了婺源古村文化、田园风光和山水风情旅游资源之精华。在景区整合的基础上，江西婺源旅游股份有限公司成功打造了“一票制”“景区环境综合整治”、央视“梦里老家”广告、“婺源乡村旅游文化节”和“江岭花海”等几大工程。

2004 年以前，旅游市场已自发形成了到婺源看油菜花的潮流。2008 年，在江西婺源旅游股份有限公司的主导下，县政府开始补贴油菜花种植，打造“油菜花海”，打造的重点是江岭。经过打造，春天的江岭梅雨霏霏，油菜花层层叠叠、漫山遍野，中间点缀白墙黛瓦的徽派民居。“江岭花海”为“最美乡村·梦里老家”提供了鲜明的色彩想象和旅游行为设定。看油菜花成为婺源旅游的“招牌菜”。形成了农业与旅游结合型的 2.0 版，也就是“创产品”的阶段。

“江岭花海”规避了古村旅游产权纠葛的深层难题，以外延扩展的方式，刷新了婺源乡村旅游的审美想象，开启了“春季到婺源来看花”的新时尚，也为婺源乡村旅游带来了新的困局。(1) 门票经济未能改观。2009 年江西婺源旅游股份有限公司推行“一票制”，当年门票收入过亿元，占旅游综合收入的 95%。此后，门票收入连年递增，但门票占旅游综合收入的比例不降反增。(2) 恶化了淡旺季。春季人满为患，冬季门可罗雀。旺季，旅游设施供不应求，价格离谱，服务不足；淡季，旅游设施大量闲置，价格暴跌，从业人员季节性失业。（3）村民群体事件频发。公司持续走高的门票收入和不稳定的季节性旅游就业，推高了村民对于“旅游收入分成”的期望。2009 年的江岭，2011 年的李坑和汪口等景区都曾因村民闹事被迫暂时关闭。增长与转型、经济与社会、企业与村民、收入与分成等矛盾纠缠在一起，火热的婺源乡村旅游，陷入“何去何从”的巨大犹疑。

（三）“篁岭晒秋”的蝶变与领航

众声喧哗之中，篁岭却从斜刺里冲出。篁岭以旅游化的方式，厘清产权，调和乡村旅游的深层矛盾，融通乡村经济、社会、文化、生态和乡村治理，综合解决“三农”问题。经过五年的艰辛探索，复活了行将消逝的古村，复原了传统农耕文明，复兴了乡民的经济自信、产业自信和文化自信，解决了农民就地城镇化、土地经营权集约流转等难题，创造了“篁岭晒秋”的最美中国符号。化蛹为蝶，将一座行将消逝的山间小村建设成熠熠生辉的精神家园，打造了乡愁旅居型的 3.0 版，即“办事业”的阶段。

短短几年，篁岭荣获了国家 AAAA 级旅游景区（国家旅游局）、中国最美休闲乡村（农业部）、全国特色景观旅游名镇名村示范点（住建部）、中国乡村旅游模范村（国家旅游局）、特色文化产业重点项目（文化部）、江西省首批乡村休闲文化旅游示范点（省文化厅）、江西省休闲农业示范点（省农业厅）、江西省特色商业街区（省商务局）、省级服务业龙头企业（省发改委）、2015 年度江西省优秀旅游企业（省旅发委）等一系列荣誉。

2015 年全国旅游工作会期间，国家旅游局局长李金早调研篁岭，对古建保护和“篁岭晒秋”等给予充分肯定，并指出，“篁岭的创新模式值得推广”。篁岭为我们提供了中国乡村旅游发展升级的领航案例，也为传统村落社区共享旅游发展成果，提供了一种新的路径。

三、“篁岭模式”①

在旅游开发之前，由于受地形限制，篁岭村交通不便且严重缺水，绝

① 书中第六章第一节的“二、篁岭乡村旅游的缘起”、“三、‘篁岭模式’”，以及第四节“‘篁岭模式’的后续观察”等内容，来自作者曹国新编写的案例《江西婺源篁岭村破解乡村旅游产权与共享瓶颈的创新实践》（2016 年度全国 MTA 优秀教学案例）。

大部分生产资料都在山下，给村民生活带来了极大的不变，而且这里地质灾害频发，是婺源县重要的地质灾害监测点之一。因此，在还没有开发之前，已经有一部分村民搬到了山下，篁岭村逐步成为半空心化的村庄。一边是村里大部分闲置房屋年久失修，腐烂倒塌，一边是篁岭“晒秋”独特的景观资源在逐年消失，如何在发展中寻找出路成为长期以来的困扰。面对着严峻的考验，“篁岭模式”横空出世，揭开了婺源乡村旅游发展的新篇章。

“篁岭模式”是在破解婺源乡村旅游混沌的产权关系、复杂的利益诉求、无序的运营管理、碎片化的乡村景观、季节化的市场误导等系列瓶颈的过程中脱颖而出的。它通过乡村产权体制的基层创新，将乡村旅游的发展，放到通盘统筹解决“三农”问题的高度来操盘，实现了从做产品到做产业，再到做事业的跨越。

（一）通过房屋产权整体置换统合旅游开发经营权

村落公共景观、村民私人住宅与旅游经济的产权纠葛，是制约古村落旅游发展的第一瓶颈。2009 年，作为婺源乡村旅游发展先行者的吴向阳带领汪万斌、吴通明等几位股东，成立婺源县乡村文化发展有限公司，经过与县、镇两级政府协商，投资 1200 万元，在山下交通便利、临近本村农田的乡村公路旁，统一规划筹建安置房 68 幢，老年、单身公寓 24 套，并配套基础设施，对篁岭村的 320 名村民进行整体搬迁。搬迁人口以山上旧宅置换山下新宅。2013 年，公司通过“招拍挂”方式取得了全村 3.3 万平方米建设用地的使用权。在解除地质隐患，改善村民居住条件和农业生产条件的基础上，基本实现了产权清晰、边界清楚，整体上盘活了古村落旅游开发的经营权。

（二）通过老建筑异地搬迁复兴古村鼎盛期的风貌

古村落风貌的复兴是制约古村落旅游发展的又一瓶颈。20 世纪 30 年代，篁岭曾遭战火，老建筑多有残损，风貌急需修复。2014 年，婺源县乡村文化发展有限公司与许村镇政府达成协议，有公司全额出资，将“怡心堂”整体搬迁至篁岭修缮保护，所有权仍归许村镇政府，公司则拥有经营使用权。开创了老建筑保护利用的“寄养”模式。迄今，篁岭的 120 多栋老建筑，有30多栋是异地搬迁来的，使篁岭成为了婺源老建筑密度最大的村落之一。

搬迁的同时，公司请来徽州记忆水平最高的古建修复师，全手工修复古村风貌。修复后的古村，“三雕”工艺精美绝伦，人文建制格局完整，生活情境古趣盎然。特别是近三百米的“天街”古巷，宛如一幅流动的“清明上河图”。该项风貌复兴工程共投资3亿多元，投资强度高达每平方米建设用地1万元。

（三）通过原住民返迁兼业和就业实现就地城镇化

村民参与不足、维权无度，是制约古村落旅游发展的另一瓶颈。风貌复兴工程的3亿多元投资，购买的是当地的活劳动，更重要的是全手工打磨的篁岭古村，使许多工程参与者习得了手艺，劳动的含金量不断提升，一些手艺精湛者还组建了专门的古建修复队，将兼业变成了专业；公司在每年支付梯田流转费用的同时，雇用当地农民，按公司制定的种植方案，用传统种植方式打造“千亩梯田四季花海”，在复兴传统农耕文明的同时，将耕作变成了就业；公司将部分认同理念、服从规划、懂得经营的村民返迁“天街”经营相关业态，村落里的非物质文化遗产传承者，在街巷里制作传授工艺绝活，在保存、延续、复原、提升活态乡土聚落的同时，让原住民在既有的空间里生活和发展，将他们培育成了老板；同时，公司面向全国，按照“一品一店”的原则，引进并精致布局了一批高品质业态。

篁岭以“原住民形成社区、原生态构成氛围、新业态支撑品质”的模式，通过活化可以活化的乡土资源，注入应该注入的现代要素，超越了古村落旅游关于“原始真实”与“舞台真实”的迷思，以村民兼业就业创业兴业的旅游化“生活态”，复兴了传统文化的精神家园。经过“整体搬迁、精准返迁、产业融入”三部曲，每一个利益相关者的利益都得到了增进。

（四）通过打造“篁岭晒秋”品牌构筑乡土中国符号

季节性是制约古村落旅游发展的又一瓶颈。山居条件下，篁岭村民凿窗支匾晾晒农获，形成了极富特色的“晒秋”民俗。“晒秋”并不限于秋季，四季皆可，且色彩斑斓、延绵有序。旅游开发前，“篁岭晒秋”的摄影作品已多次获得国际国内大奖。景区开发伊始，吴向阳等人即提出，复原和发展“篁岭晒秋”民俗，建设系列“晒秋产品”，在破解古村落旅游季节性困局的同时，打造成“中国最美文化符号”的文化现象，使“篁岭晒秋”如同“清明上河图”“富春山居图”一样，成为中国文化的核心想象，经过5年多的建设，已经初见成效。

篁岭的四季“晒秋”，以“晨曦”般的色彩印象，带来的是一种“思念、安详和期盼”的意境和暗喻，熨帖了中国人内心深处的家园梦想，激活了中国乡村居民对未来的想象。从“梦里老家”到“江岭花海”再到“篁岭晒秋”，形状、影调、线条、光线、色彩，越来越丰沛，其趣味中心越来越具备交流欲、未来性和促发感，为我们提供了旅游品牌形象建设的新样本。

“篁岭模式”的诞生为婺源乡村旅游的发展树立了一个新的典范，对婺源旅游产业的升级转型带来了积极的推动作用。

篁岭采用“新村换古村、新房换古宅”“腾鸟换笼”“产权置换”的方法，巧妙解决了要素流动、资源集约、产权清晰的问题，为乡村旅游现代企业制度的建立和传统村落旅游发展的转型升级扒开了空间，实现了现代旅游企业与传统乡村的嫁接。可见，只要善于营造地方政府、旅游企业和乡民的“合意空间”，在现有条件下，也有望破解制约传统村落旅游发展的农村产权瓶颈。

四、旅游发展历程

篁岭景区于2013年3月15日开始试营业，2014年游客接待数量达23万人次，门票收入2500万元。2015年是篁岭景区进入全面运营的一年，年游客接待数量达40多万人次，门票收入将近5000万元。也就在这一年，投资上亿元的篁岭新索道投入运营，载客量、运行速度均大幅提升。在油菜花旺季，篁岭景区更是和景德镇昌飞集团联合推出直升机“空中看婺源”旅游体验项目，为游客提供高端旅游体验产品。与此同时，为增加景区娱乐设施项目，篁岭打造出世界顶级户外运动项目“冒险森林”，为历史古村增添了动感。2016年，篁岭朝着旅游会展、度假、体验多元化发展。目前景区已建成可接待300多人的三层中型会议中心提升商务接待能力，推出70多间标准花海客舍提升景区容纳量。

2014 年 4 月，篁岭被评为国家 AAAA 级旅游景区，于 2014 年 10 月被评为中国最美休闲乡村，同年 11 月入选第三批中国传统村落名录。此前，篁岭景区还被评为江西省首批乡村文化休闲旅游示范点、最佳乡村旅游目的地等。2015 年全国旅游工作会议期间，国家旅游局局长李金早调研了篁岭，对篁岭古建筑的保护和“篁岭晒秋”等给予了充分肯定，并指出：“篁岭的创新模式值得推广。”2016 年，篁岭景区入选全国优选旅游项目名录。

五、样本基本信息

课题组于 2015 年 1 月 8 日至 10 日，在篁岭景区及山下的篁岭新村进行了实地走访调查，具体如表 6－1 所示。本次调查采用入户访谈完成，以户为单位，共完成访谈 65 户，占全部户数的 32.26%。调查中收集有效数据 65 份，录入 SPSS19.0 进行分析。SPSS 可信度分析结果为：Cronbach's Alpha＝0.908，一般认为克朗巴哈系数在 0.6 以上问卷及数据可用，说明此次问卷设计合理，数据质量可靠（见表 6－1）。

表 6－1　　篁岭村样本基本信息一览表

受访者性别	男		女	
样本数量（户）	23		42	
百分比（%）	35.4		64.6	
受访者年龄	18～30 岁	30～45 岁	45～60 岁	60 岁以上
样本数量（户）	7	24	22	12
百分比（%）	10.8	36.9	33.8	18.5
受教育程度	初中及以下	高中/中专	大学本科/专科	研究生及以上
样本数量（个）	51	11	3	0
百分比（%）	78.5	16.9	4.6	0
家庭年总收入（元）	1 万～3 万	3 万～5 万	5 万～10 万	10 万以上
样本数量（户）	10	26	19	10
百分比（%）	15.4	40.0	29.2	15.4

注：表中数据为 2015 年初统计。

样本中，女性居民偏多，年龄主要集中在30～60岁，受教育程度主要集中在初中及以下，占样本人数的78.5%之多。从家庭年收入来看，3万～5万元的社区居民偏多，另外，家庭年收入在5万～10万元的也占一定比重。

第二节　篁岭村的社区旅游产权实现与感知

一、村落旅游开发决策权

（一）现状

开发之初，婺源乡村文化发展有限公司提出的产权置换方案在村民大会上进行了激烈讨论，并最终得到了通过。为确保整体搬迁工作的有序开展，公司成立村民理事小组，负责搬迁工作的具体工作方案的拟定和实施过程中的监督管理，村民理事小组成员由婺源县江湾镇政府、篁岭村村民、婺源县乡村旅游发展有限公司三方代表组成。最初，村民代表大会从780人中选出了6个年轻人做代表，后改为6个年纪较大的、在村里有一定威望的人做代表。开发之初的谈判工作较为曲折，谈判历时两年多，曾成立两次村民理事小组，都均已解散，现成立了地方工作组，由婺源乡村旅游开发有限公司管理，篁岭村村民也参与其中。

（二）感知

访谈中，有46名受访者表示篁岭村的旅游开发决策是经过村委会会议商议的，占样本的70.8%；且46名受访者中有38人表示其开发决策经过了半数以上村民同意。说明大部分受访者都参加了村委会召开的关于旅游开发决策的商讨会议，且大部分村民都同意了这一开发决策。但感知数据统计结果表明：村民对于开发决策权实现程度的感知均值为2.75，介于“比较不合理”和“一般”之间，偏负面感知；标准差为1.225，大于1.000。说明村民对篁岭开发决策权实现的感知态度并不理想，且村民感知差异较大。对“产权置换、企业独立经营”的权力结构认同评价为3.08，标准差1.315，表明总体上村民对于现有旅游开发权力结构持肯定态度，但不同村民感知差异较大。

篁岭村在开发之前，交通闭塞，经济落后，青壮年均外出打工，大部分家庭只有老人小孩留守家中。在旅游开发签订合同之时，青壮年均不在家中，当他们发现合同中自己不满意的地方时，就主观认为老人和小孩受到了欺骗。即使参加了村民会议，也是缺乏开发决策事务的话语权，所有方案都是公司拟定，居民处于被表达、被决定的状态，因此对合同并不买账。

二、村落旅游经营管理权

（一）参与经营权

1. 现状

在调查中，有50名受访者表示参与了旅游经营，占总数76.9%。参与旅游经营的方式主要是餐饮、住宿、购物和受雇。

产权置换，使得篁岭的旅游资源得到了更好的规划和开发，在此基础上，对其进行了旅游产业的转型升级，使篁岭景区从传统的观光型古村落旅游中解脱出来，逐渐向休闲度假旅游过渡和转型。因此，对篁岭旅游参与经营权的分析主要分两块：一是居民受雇于景区经营的企业。作者通过实地调查了解到，景区60%～70%的工作人员为篁岭村居民，其中景区日常经营服务上用工120多人，农业上用工为600多人。在待遇方面，小工是按天计算，每天80元，工程部、农业部为1800～2200元/月，保洁员为1400～1500元/月；二是景区山下篁岭新村居民的自发经营。但是由于地理位置的差异，只有处于第一排新房、临近公路的居民可以经营一些餐馆、农家乐等旅游项目，对于后排房屋的居民来说，也只能“心有余而力不足了”。此次调查中，参与旅游经营样本的相关数据结果如下表所示：

表 6－2　　篁岭村居民参与旅游经营情况统计

参与经营方式	餐饮	住宿	购物	出租	受雇
数量（个）	3	5	1	0	44
百分比（%）	6	10	2	0	88%
参与时间	未满 1 年	1～5 年	5～10 年	10 年以上	/
样本数量（个）	26	24	0	0	/
百分比（%）	52	48	0	0	/
年收入水平（元）	1 万以下	1 万～3 万	3 万～5 万	5 万～10 万	10 万以上
数量（个）	6	24	12	4	4
百分比（%）	12	48	24	8	8

注：本表中百分比，指在参与旅游经营的群体中所占比重。

2. 感知

旅游业的经济功能和经济效应会使旅游业的发展对旅游地产生经济影响[①]。如表 6－2 所示，篁岭作为新景区，社区参与旅游经营的时间都比较短，旅游经营年收入也不高，主要介于 1 万～5 万元。产权置换使得篁岭景区内宅基地使用权及附属建筑物使用权不再归村民所有，村落旅游发展刚刚起步，尚未有外来经营者租赁村中房屋用于旅游经营，因此社区参与经营中不存在“出租”这一方式。绝大部分村民都是被景区返聘，从事景区服务性工作，以受雇方式参与到旅游经营中夫。据感知数据统计结果显示：社区参与经营权感知的均值为 3.35，高于“一般”，大部分村民对此还是比较满意的。但是，社区参与经营权感知标准差为 1.124，表明受访者对参与经营权实现程度的感知离散性较强。

（二）参与管理权

1. 现状

在旅游开发之前篁岭景区在开发之初曾成立了两次村民理事小组，其中篁岭村村民代表 6 人，当时主要负责搬迁工作的监督管理和协商工作，

① 李卫华，赵振斌，李艳花．古村落旅游地居民综合感知及差异分析——以陕西韩城党家村为例［J］．旅游科学，2006（6）：52－58.

均已解散。之后，成立了地方工作组，隶属婺源县乡村文化发展有限公司，村民代表也参与其中，篁岭村居民曹锦钟便是其中一位。曾是婺源县大鄣山乡希望小学副校长的他是篁岭村少数文化程度较高的居民，旅游开发介入之后，他便成了篁岭村居民和旅游开发商之间的联络人，现担任婺源县乡村文化发展有限公司副总经理，参与篁岭景区日常旅游相关事务的管理工作。但大部分居民的参与方式主要有向村干部反映问题和向公司管理人员反映问题两种方式，另有极少数受访者表示曾在村民大会上发表自己的相关意见。

2. 感知

在样本中有39名受访者表示没有参与过村落旅游管理公共事务的讨论和管理，占样本人群总数的60%。参与管理权的感知均值为2.54，标准差1.160，表明在参与管理权问题上，村民偏负面感知，对自己参与村落旅游管理的实现程度并不满意，且村民感知差异较大。

三、村落资源收益获取权

（一）村落旅游资源收益分配

1. 现状

在旅游资源使用费上，婺源乡村旅游开发有限公司与村委会签订了长达20年的支付合同，合同大致内容如下：第一个五年，公司每年一次性支付给村委会35万元的资源使用费，然后由村委会在每年年底的时候，按人头一次性支付给居民，村委会每次支付时都要核定当年参与旅游资源收益分配的人数，目前人均分摊所得约400多元；以后，每五年增加10万元。

2. 感知

如表6-3数据显示，村民在“资源使用费的数量是否合理”这项上的感知均值为2.85，小于3.00，标准差为1.079，大于1.000；说明村民对于资源使用费的合理程度普遍偏负面感知，评价介于“非常不合理”和“不合理”之间，且不同村民的感知差异较大。支付方式的感知均值为3.20，标准差0.981；分配方式的感知均值为3.32，标准差1.231。支付方式和分配方式的感知均值均高于“一般”，没过多看法，总体偏理性，但不同村民对于分配方式的感知差异大于支付方式。访谈中，虽然村民都知道有资源使用费，但只有极少数村民能准确说出金额、支付方式和分配方式。

表 6－3　村落旅游资源收益权感知分析表

项　　目	均值	标准差
旅游资源使用费金额	2.85	1.079
旅游资源使用费支付方式	3.20	0.981
旅游资源使用费分配方式	3.12	1.231

（二）集体土地流转收益分配

1. 现状

在土地利用上，“篁岭模式”采用的是“公司＋农户”形式，整合篁岭村土地资源，打造四季梯田花海和特色产业化农业，共同开发观光农业。而旅游集散中心、停车场也都是旅游景区的必备元素，这些都不可避免地涉及村落土地的征用或租借，从而带来土地流转的利益问题。根据作者的实地调研结果，篁岭村土地流转情况大致如下：开发之初，公司便征用了属篁岭村第一、第二小组的 80 亩农田，用于 68 套 80 平米的两层半安置房、停车场以及游客集散中心的建设，以每亩 1.2 万的价格一次性付清和买断。而在后期土地征用过程中，田地是以每年每亩 400 斤稻谷（按当年市场价格进行折算）的标准进行补偿，菜地则是以 7.5 元/米^2 的价格一次性支付和买断。一经征用和补偿，篁岭村居民则不得在旅游开发项目范围内擅自乱搭乱建、圈地开店、摆摊设点等影响旅游经营的行为；不得有擅自开山采石、挖土倒土，损毁景物、林木、植被等破坏环境的行为。

2. 感知

如表 6－4 所示，村民对于土地征用补偿费用的意见较大，感知均值为 2.57，是本组数据中最低的一个，感知差异也较大。在传统村落，旅游开发商在对村落进行改造建设过程中，大多需要征用或租借土地用于必要的设施建设如游客集散中心、停车场等。在此过程中，土地流转所带来的利益问题使得旅游开发商和村民之间矛盾冲突时有发生。很多篁岭村村民对于名目繁多的土地流转补偿并不是很清楚，只能说出个大概，也并不清楚合理的补偿标准是多少；由于小农意识较强，加之在与旅游开发商的博弈中处于弱势，自然偏负面感知，但村民对于支付方式和分配方式的感知均值均大于3.00，还算比较满意。

表6－4　　村落集体土地流转收益权感知分析表

土地流转收益金额	2.57	1.185
土地流转支付方式	3.20	1.121
土地流转分配方式	3.32	1.032

（三）私产物权收益获取

1. 现状

篁岭原住民住房采用产权置换的方式进行新村房屋产权的置换，多退少补。篁岭村居民将其在篁岭村所属宅基地使用权及附属建筑物等产权交由婺源乡村旅游开发有限公司进行商业运作，所占土地使用权和房屋产权由公司统一收回，并同意委托政府通过篁岭民俗文化村项目运作，将篁岭村居民房屋、部分村落公共设施及村庄土地整体进行挂牌出让。具体由政府通过对篁岭村土地进行挂牌出让的方式，同时附带摘牌商承担整体搬迁篁岭村的条件，由中标投资商承担篁岭村所有地面建筑等附着物搬迁安置补偿金1200万元人民币，全部用于对篁岭村民搬迁安置（含新村公共基础设施建设）和闲置房货币补偿，原篁岭村房屋、附属建筑等附着物及其所占土地产权归投资商所有。产权一经交换，篁岭村居民将拥有篁岭新村的宅基地使用权及附属安置房产权。具体实施情况如下：

2009年由镇、村和村民理事小组、开发公司进行了调查、测量、征地等工作，在篁岭新村建村民独院68栋，宿舍24栋，按居住需要进行了一对一置换，新村房子以9.6万一栋，上村房子按原屋面积大小、地理位置进行折价，以330～450元/米^{2}不等的价格计算，双方互找差价。

2. 感知

受访者在私有物权收益上的感知也较为负面，感知均值为2.60，而且感知离散性较强。根据实地调查，房屋质量问题是村民普遍表示不满的主要原因，而且部分村民认为，搬迁工作存在一定猫腻，并非景区方面所说的公开、透明，调查中，有些村民反映，抽到第一排安置房的村民要么是在景区内部担任一定职务，要么是在推动搬迁工作中做出了“贡献”，与景区存在着某种利益关系，这也解释了为什么村民感知差异较大。

四、现状与感知小结

从图6－1中可以看出，篁岭村原住民社区旅游产权感知的波谷值主要体现在参与管理权实现程度方面，说明村民在村落旅游管理上缺少话语权，且处于劣势地位；在村落资源收益分配和集体土地流转收益分配的支付方式和分配方式问题上的感知均高于“一般”水平，但在资源使用费的金额和土地流转收益金额方面，其感知程度低于“一般”水平。受访家庭对参与经营权实现程度感知度最高。

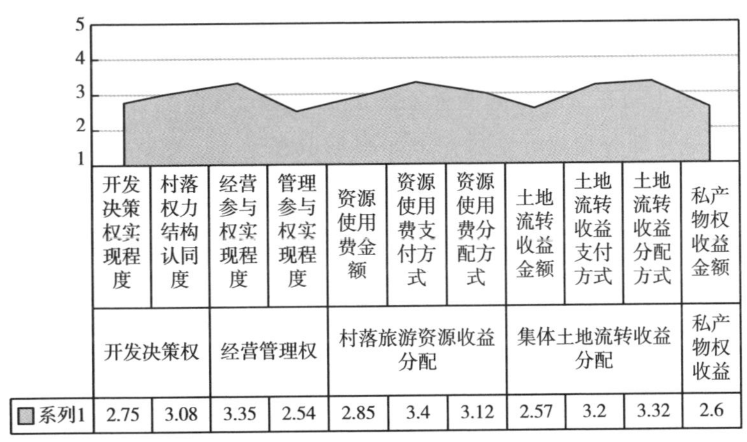

图6－1 篁岭村社区旅游产权感知（面积图）

总体看来，篁岭村的原住民对社区旅游产权感知比较“一般”。对能带来实际性收益的财产权利以及收益金额数量敏感度较大，但是不注重决策性产权的参与，因此导致缺乏对景区整体经济收益的了解和财产分配的话语权。

第三节 社区内部的感知差异

“篁岭模式”中的产权置换做法，在篁岭所在的区域内，是首次尝试。与新农村建设中的偏远山村整体搬迁不同，篁岭的搬迁与村落旅游发展的关系密切，甚至有不少受访者认为，当地政府是出于发展旅游的考虑，才推动搬迁工作。从调查中的感知数据来看，多项均值的标准差大于1.000，显示样本数据的离散性较强。也就是说，篁岭社区内部对自身财产权利在产权置换过程中的实现程度感知，有较大的分歧。为进一步明确是哪些因素造成了这种分歧，根据实地调查获取的信息和对居民态度的认识，选取了取样地点、是否参与旅游、旅游收入水平、受教育程度等四个因素，在SPSS软件中对样本进行拆分处理后，分组计算感知均值。具体的结果如下：

一、景区组和新村组

2015年年初在篁岭村的调查工作在空间上分成两部分，一部分在景区内完成，另一部分在篁岭新村完成。根据取样地点，将样本分成景区组和新村组后，分别计算均值，合并制成上面的折线图。如图6－2所示，景区组和新村组在感知均值上泾渭分明，具体来说就是，景区组的感知均为正面，样本组的感知均为负面。

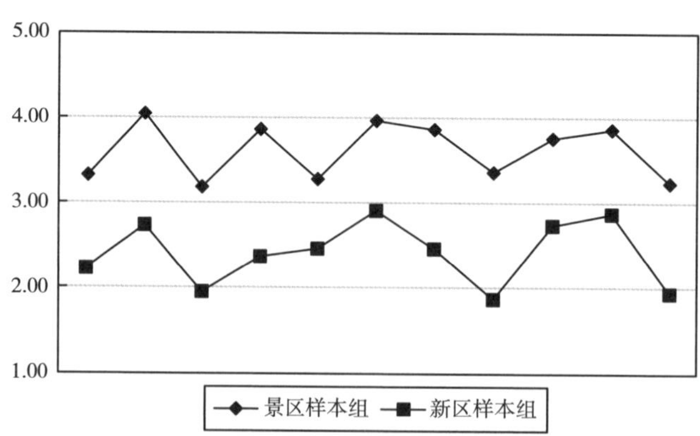

图6－2 景区样本组和新村样本组的感知均值比较（折线图）

在篁岭景区内的村民，都是受公司雇用从事各类工作的员工，这部分村民已经通过受雇的方式，参与到村落的旅游经营汇总，能够获取一定的工资性收入，作为“篁岭模式”的受益者，大部分对相关产权的实现程度持肯定态度。但是，当课题组来到山下的篁岭新村时，所见所闻却是另一番景象，在新村内活动的人群以老弱妇孺居多，大部分赋闲家中，并未参与到村落的旅游经营中，感知较为负面，访谈中不乏情绪激动者，拉着调查人员倾诉搬迁过程中的不公与不满。

二、参与旅游组和不参与组

根据受访者是否参与旅游进行的分组比较中，两组样本的均值也出现了与取样分组类似的情况，如图 6－3 所示。参与组的村民对产权实现程度的以正面感知居多，不参与组的村民则 11 项因子均为负面感知。这其中透露出的信息，不仅是旅游参与对居民旅游产权感知的重要影响，还显示出受访者在衡量自身产权实现程度时，对实际经济利益的敏感。简而言之，在没有机会从村落发展中获得实际利益时，受访者会对其他的产权感知持通盘的负面态度，这种情况在罗田村的调查中，也非常鲜明。

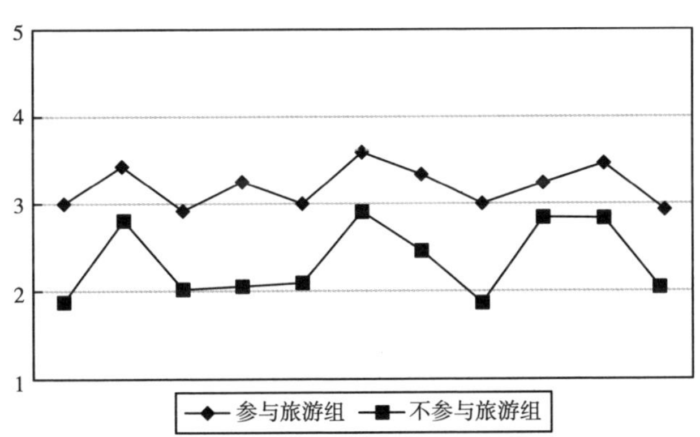

图 6－3　参与组和不参与组的感知均值比较（折线图）

三、不同旅游收入水平的样本组

根据受访者家庭旅游年收入水平，将样本数据拆分为六组：（1）收入为0的家庭，没有家庭成员参与旅游，感知非常负面；（2）家庭年旅游收入在1万元以下的受访者，多为受雇于公司，从事临时性工作的村民，且仅有1名家庭成员参与旅游，其财产权利感知很难突破“一般”水平；（3）家庭年旅游收入在1万~3万元区间的受访者，多为公司基层岗位的正式员工，其财产权利感知中有部分因子高于“一般”水平；（4）家庭年旅游收入在3万~5万元区间的受访者，多数家中有2名以上的成员参与旅游，其财产权利感知高于“一般”，但是低于“比较正面”水平；（5）家庭年旅游收入在5万~10万元区间的受访者，家中有多名成员参与旅游，且旅游收入已经成为家庭经济的主要来源，其财产权利感知多接近于“比较正面”；（6）家庭年旅游收入在10万元以上的受访者，这类受访者数量非常少，基本是在公司担任管理层或高级技术人员，属于篁岭村当前状态下的“旅游精英”人群，他们对参与管理权的感知非常正面，但是对参与经营权的感知较差，具体如图6-4所示。

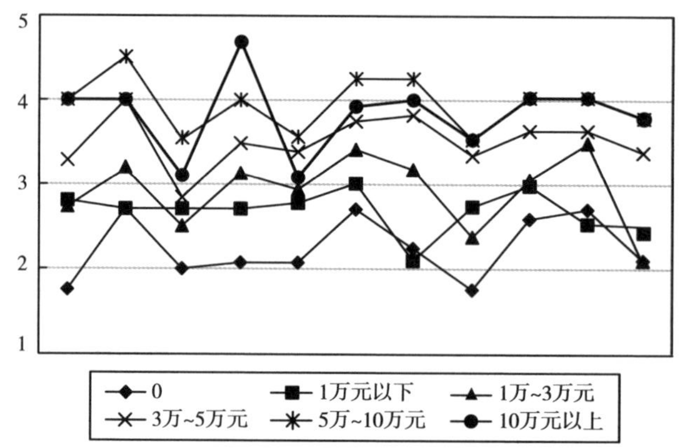

图6-4　不同家庭年旅游收入样本组的感知均值比较（折线图）

总体而言，在篁岭村的居民财产权利感知中，家庭年旅游收入3万元是一个比较重要的分水岭。低于3万元的家庭，财产权利感知多为负面，反之亦然。从另一个角度来说，受社区长期地处偏远和落后的经济水平影响，加之村落旅游开发的时间不久，篁岭村居民对家庭旅游年收入的期望并不是很高。

四、不同受教育程度的样本组

不同受教育程度的居民的感知均值线也呈现出了明显的层次之分，感知差异明显。在样本信息中，受访者的受教育程度主要分为初中及以下、高中或中专、大学本科或专科三个等级，如图 6－5 所示。受教育程度越高，其财产权利感知中的正面因子越多，且受教育程度高的居民（指高中或高中以上文化水平）普遍为正面感知。结合篁岭村社区旅游参与的实际情况来看，居民的受教育程度越高，其在村落旅游经营管理中的参与机会相对越多，参与层次也较高，因而有更多机会获得较高的收入。

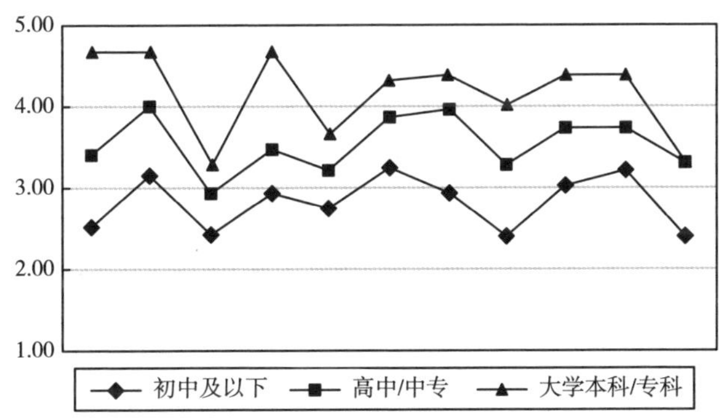

图 6－5　不同受教育程度样本组的感知均值比较（折线图）

第四节　“篁岭模式”社区发展效应的后续观察

在课题组第一次前往篁岭开展调研时（2015 年 1 月），篁岭景区正式运营的时间较短，调研中，村落原住民对社区旅游产权的感知，更多的聚焦于村落的搬迁安置和旅游开发决策方面。社区参与旅游的可能性、旅游对社区的影响等尚不明显。鉴于“篁岭模式”的特殊性，课题组于 2016 年 6 月，针对篁岭乡村旅游发展共享绩效做了专题调研，调查区域涉及篁岭村以及晓鳙村、栗木坑村等周边行政村。调研以基础资料收集、入户问卷调查和召开座谈会等方式进行。其中，基础资料由篁岭旅游开发公司、篁岭村居委会和江湾镇政府提供；实现了对68户景区产权置换搬迁家庭中的66户及周边村落31户的入户问卷调查；与村民代表、篁岭旅游开发村民理事会小组成员代表、婺源县江湾镇政府代表以及篁岭景区公司代表召开了4场座谈会。

一、社区发展效应的逐步显现

（一）社区旅游收入的形式与覆盖率

从时间上看，篁岭村的社区旅游收入分基建和运转经营两个阶段。在基建阶段，社区主要获得了景区基建工程款和新村建设项目款，合计超1亿元。这些收入构成了社区旅游收入的"第一桶金"，也为村民参与后期旅游发展提供了初始的资本金。在运转经营阶段，社区主要获得资源使用费、农地流转费、景区公司就业工资、旅游创业收入、赞助金和慰问金等，2015年合计750余万元。此外还有房产增值等资产性收入。这些收入是可持续的，是篁岭乡村旅游发展共享的关键。

1. 基建阶段的社区旅游收入

（1）景区基建工程款。景区公司投资3亿多元打造篁岭景区。这些投资绝大多数用于搬迁、修复、营造、做旧、保养等繁杂的"修旧如旧"工程。高峰期平均每天有4万余元工程款注入篁岭和栗木坑、晓容、前段等周边村庄。总额超1亿元。

（2）新村建设项目款。2009年，景区公司经过与县、镇两级政府协商，投资1200万元，在山下交通便利、临近本村农田的乡村公路旁，建设安置房68户，老年、单身公寓24套，并配套基础设施，对篁岭村的320名村民进行整体搬迁。搬迁人口以山上旧宅置换山下新宅。其中800万元，一次性交付给篁岭村委会，用于建造安置房和公寓。这800万元经费包含建材费、施工费、劳务费等。建造工程全程由篁岭当地村民组织并完成，工程款全部落实到了当地的篁岭村民手中。

2. 运转经营阶段的社区旅游收入

（1）资源使用和农地流转费。经过搬迁置换和"招拍挂"，篁岭古村的产权是清晰的。但在乡村旅游经营中，景区公司还要使用当地的一些公共资源，如祠堂、古树等。根据协议，拥有篁岭户籍的村民，无论男女老少，每人每年都可从公司旅游收益中获得一些资源使用费。具体金额根据景区经营情况，按议定的比例浮动。2015 年人均 1450 元，共 45 万余元。村落四周曾经大半抛荒的梯田，也流转给公司营造大地景观，2015 年为 10 万元。年总额 55 万余元。

（2）公司员工工资。公司员工聘用贯彻本地化原则。景区公司共聘用员工 351 人，其中，婺源本地 319 人。对篁岭村，按照“每户至少一人”标准安排，现已落实 52 人。2015 年，这 52 人的年均工资收入 3.5 万元，共 180 余万元。返迁山上古村提供旅游服务的 62 人，则实行绩效工资，年均收入 2.5 万元左右，共 150 余万元。年总额 330 余万元。

（3）旅游创业收入。依托篁岭景区，下迁到山下的篁岭新村村民的旅游创业收入集中在开办住宿业，如宾馆、客栈；经营餐饮业如餐馆、小吃摊、夜市及开办超市和便利店。68 户居民共开设这三类店铺 39 家，年收入 330 余万元。此外，还有 8 户人家经营旅游载客摩托和载客面包车，年收入 40 万元左右。年收入总额 370 余万元，具体如表 6－5 所示。

表 6－5 篁岭新村居民旅游创业情况

序号	类别	店铺名称	客房/餐饮	年接待量（人）	年收入（万元）
1	农家乐	篁岭农家酒店	7 间	3600	8
2	农家乐	最美婺源客栈	6 间	3500	8.1
3	住宿	篁家客栈	5 间	3000	8
4	住宿	篁岭客栈	8 间	4000	8.5
5	农家乐	小农夫农家乐	2 间	2500	6
6	农家乐	岭上人家	3 间	2800	6.5
7	农家乐	农家姐妹柴火饭	3 间	2600	6
8	餐饮	乡村竹筒饭	100 人	5000	10
9	餐饮	曹记农家菜馆	100 人	6000	15
10	农家乐	篁岭土菜馆	2 间	3000	5
11	农家乐	微宝农家菜	3 间	3500	5.5

续表

序号	类别	店铺名称	客房/餐饮	年接待量（人）	年收入（万元）
12	农家乐	108 客栈	2 间	3000	5
13	农家乐	篁岭驿站	8 间	4000	8.8
14	农家乐	篁岭人家	2 间	1800	4.9
15	农家乐	篁岭老家	2 间	1800	5
16	餐饮	农家饭店	80 人	4800	9
17	农家乐	乡里乡亲客栈	3 间	2000	4
18	农家乐	晒秋客栈	8 间	5000	11
19	农家乐	篁岭驿馆	2 间	2000	4.2
20	农家乐	梯云农家	8 间	5000	12
21	农家乐	老家味道	6 间	4000	9
22	农家乐	曹老师客栈	3 间	6000	15
23	农家乐	民丰客栈	8 间	5000	11
24	农家乐	暖阳客栈	6 间	4000	9.5
25	农家乐	温馨客栈	8 间	3000	9
26	农家乐	有家客栈	5 间	3500	10
27	农家乐	家乡土菜馆	4 间	5000	12
28	农家乐	军属旅社	2 间	4500	11
29	农家乐	客之家农家菜	2 间	5000	10
30	农家乐	曹老二菜馆	2 间	3600	8
31	农家乐	油菜花农家菜	2 间	3500	8.2
32	农家乐	农耕客栈	9 间	6000	13
33	农家乐	山里老家	2 间	4000	9
34	特产超市	皇菊茶馆			13
35	特产超市	聚古斋			12
36	特产超市	晓起皇菊			14
37	特产超市	篁岭三宝			13.5
38	便利店	新村便利店			8
39	便利店	农家超市			7

注：农家乐包括餐饮加住宿。

(4) 赞助金和慰问金。村民过节或者其他重要活动，景区公司都会大力支持，并提供经济上的赞助。如 2015 年六一儿童节赞助 4000 元，过年举行民俗活动赞助 1200 元，“五保户”一人资助 500 元等。年总额 1 万元左右。

(5) 房产增值等资产性收入。乡村旅游开发前篁岭是贫困村、空心村、地质灾害村。开发之后，基础设施改善、收入大增、人口回流、远近的姑娘都愿嫁到篁岭。篁岭新村的安置房面积为 200 平方米，分上下两层，其房产价值已从建成时的市价每栋 10 万元，增值为每栋 80 万元以上，租给他人经营的话每栋的年租金超过 8 万元。

(二) 村民收入结构转型与产业升级

课题组实现了对 68 户景区产权置换搬迁家庭中的 66 户及周边村落 31 户的入户问卷调查。乡村旅游开发之前，篁岭村民的主要收入来源为农业种植、畜牧养殖、外出务工等形式。由于篁岭特殊的山地村落特征，生产资料多位于山下，农业生产十分不便，青壮年劳动力多选择外出务工，许多水田、旱地被抛荒。外出务工人员多从事流水线或建筑工等生产链底端的工种，年收入也不高，大概为 3 万元左右。

总体来说，旅游开发之前，篁岭 66 户居民，人均年收入 3500 元，户均年收入 1.5 万元。旅游开发之后，2015 年人均年收入为 2.6 万元，户均年收入为 10.66 万元。家庭年收入最高为 50 万元，最低的不到 2 万元。其中，年收入 2 万元以下的家庭 3 户，15 万以上的 13 户，具体如表 6 - 6 所示。

表 6 - 6　　被访家庭年收入情况

被访者身份	2015 年家庭年收入（万元）						合计（户）
	<2	2 ~ 4.99	5 ~ 7.99	8 ~ 9.99	10 ~ 14.99	>15	
篁岭村村民	3	11	19	14	6	13	66

在收入类型方面，100% 的户籍居民有景区每年发放的资源使用和农地流转费。19 户居民有景区公司工资收入，15 户居民有景区服务绩效工资收入，34 户居民有餐饮、住宿、超市、旅游客运等旅游创业收入。27 户居民有农业种植收入，主要为每年采摘茶籽压榨茶油售卖。23 户居民有

家庭成员外出务工收入。因身体残疾、大病或者五保户等依靠政府低保等救济性收入的家庭有 7 户，如表 6－7 所示。

表 6－7　　被访家庭收入类型

家庭收入来源	农业种植	景区公司就业	景区服务收入	机关、事业单位工资性收入	旅游创业收入	政府低保救济收入	外出务工	资源和农地分红收入
户数	27	19	15	2	34	7	23	66
百分比（%）	40.9	28.8	22.7	3.0	51.5	10.6	34.8	100

在乡村旅游收入方面，2015 年，从事住宿业和餐饮业的家庭，年均收入分别为 14.78 万元和 13.19 万元；景区资源和农地流转费每个家庭每年收入约 6100 元；有景区就业收入的每个家庭约 3 万元。将 66 个受访家庭所有旅游业相关收入加总，每个家庭 2015 年旅游业总收入最多的为 25.3 万元，平均为 4.39 万元，如表 6－8 所示。

表 6－8　　被访家庭旅游相关收入类型

旅游业相关收入类型	户数	最高年收入（万元）	年均收入（万元）
景区工作（管理人员、讲解、保洁等）	19	10	2.34
旅游小商品销售（景区内外小摊、兜售）	3	3	2.8
住宿业（宾馆、客栈）	22	15	14.78
餐饮业（餐馆、小吃摊、夜市）	19	15	13.19
旅游运输业（客、货运）	1	4	4
旅游商品销售（超市、商场）	2	6	4.5
旅游载客（摩的、面包车）	8	8	3.40
传统手工艺品制作	1	5	5
建筑小工、技工、木工等	7	5	3.43
休闲娱乐服务（KTV、足浴等）	0	0	0
景区开发分红收入（资源费）	66	3	0.61

具体而言，在景区工资方面，学历低、年龄大、技术含量低的人均年工资 2.5 万元左右；学历高、年纪轻、有技能的年薪 6 万元左右，如表 6－9 所示。

表 6－9　　篁岭景区工资收入情况

序号	工种	年收入（万元）	人数（人）	占总人数比例（%）
1	高级管理	8～15	8	2.2
2	部门经理	5～7	23	6.6
3	财务人员	3～5	12	3.4
4	办公室行政	3～4.5	27	7.7
5	营 销	3.5～6	12	3.4
6	工 程	5～7	4	1.1
7	服务人员	2～7	126	35.9
8	农业拓展	2～6	10	2.8
9	保洁	2～3.4	25	7.1
10	保安消防	2.5～4	53	15.1
11	技术类	4～6	18	5.1
12	其他	2～3	33	9.4

在旅游创业收入方面。做餐饮，游客人均消费在 100 元上下。做住宿，标间的价格为 150 元一晚。经营农家乐、旅馆的农户年收入在 14 万元左右。

还有村民在新村临近旅游公路的商铺季节性经营篁岭当地的特产，比如篁菊、竹笋、笔砚、古玩等，每年也有可观收入。每年油菜花盛开的季节，当地村民还会编织油菜花环，以每个 10 元的价格出售，销量好的话，一天可以卖到 200 个。其他一次性雨衣、遮阳帽、登山棍等的销量也能带来非常大的收益。开载客摩托车和面包车的村民，往返景区与车站，每趟收费 30～70 元，一年也有 3 万～5 万元的收入。

总之，自篁岭古村被开发成景区后，篁岭村民的收入结构与产业层次发生了极大的变化。第一，村民有了工资性和经营性的收入，收入倍增，人均收入增加了一倍，劳动力的收入则增加了两倍。第二，村落精英回流，还有大量的外村甚至外县人员涌入篁岭村寻找就业、创业机会。第三，留守老年人实现了再就业，劳动价值延长化。第四，大量农村妇女在景区就业，经济、家庭和社会地位得到切实提高。第五，村民有了资源使用费、房产增值、租金上涨等资产性收入。

二、村民对旅游发展现状的认同度

（一）满意度与认同度的定量数据

在对旅游收入的满意度方面，篁岭户籍人口中，51.5%的村民对旅游收入感觉正面，其中16.7%感到“非常满意”，如表6－10所示。但是对旅游收入“非常不满意”的也有7.6%，通过访谈得知，这部分人多因为安置房位于新村后排，远离旅游公路和旅游线路，参与餐饮、住宿业的机会少，房产增值也少，有相对剥夺感。

表6－10　　篁岭居民旅游收入满意程度

正面		中性	负面	
非常满意	满意	一般	不满意	非常不满意
16.7%	34.8%	22.7%	18.2%	7.6%

在对旅游开发的认同度方面，反对率为2.8%，支持率为82.1%。100%的村民愿意为改善生态环境和村容村貌而付出金钱和方便成本。94.4%的村民愿意为发展旅游出让土地。篁岭村民对社区旅游发展成本与代价的态度，进一步印证了罗田村调研数据反映的结论：社区对村落旅游发展消极影响和代价的包容度，与村落在旅游参与中获取的实际收益，相关度非常高。由此可见，传统村落旅游社区增权的关键，在于增收。在乡村旅游开发中，确保农民增收是乡村旅游发展的意义所在，也是乡村旅游长远发展的基础①。

首先，在满意的具体事项方面（详见表6－11），村民最满意的是，从旅游业发展中得到了就业创业机会，得到了经济实惠。其次，山上土地的耕作价值不高，流转给公司，获得资产性收益，相对价值较高。最后，家门口就业创业，家庭更加幸福。57.8%的村民满意于当前的人生状态，68.2%的村民将继续从事篁岭旅游开发经营活动作为下阶段人生打算的首选。

① 吴忠军，潘福之．基于产权理论的乡村旅游与农民增收研究——以贵州天龙屯堡为例[J]．广西师范大学学报（哲学社会科学版），2014，50（1）：63－67。

表 6-11　　村民满意度与参与意愿情况

调查项目	结果（%）	
对篁岭旅游开发的态度	非常支持	35.9
	支持	46.2
	无所谓	15.1
	反对	2.8
	非常反对	0
对目前旅游发展的状况是否满意	非常不满意	9.1
	不满意	13.6
	一般	19.7
	满意	42.6
	非常满意	15.2
是否愿意继续参与篁岭旅游开发活动	非常不愿意	7.6
	不愿意	7.6
	中立	16.7
	愿意	25.8
	非常愿意	42.4

（二）满意度与认同度的定性结论

通过访谈得知，村民认为，篁岭乡村旅游的蓬勃发展，不仅给当地经济、社会、产业等带来了巨大的改观，同时在思想观念、信息通畅和人文教育方面也带来了质的改变。

旅游开发前，村庄交通不便，对外交流少，信息闭塞，村民两耳不闻窗外事。旅游业发展以后，交通便利了、信息发达了、互联网的应用普遍了。几乎家家户户都通了互联网，村民不但通过互联网相互交流，了解世事和政策，还在携程、淘宝等网站上开办网店，发布自己旅店、农家乐、旅游商品、载客面包车等的广告。据阿里研究院的数据，篁岭有望成为江西下一个“淘宝村”。

旅游开发前，村民住在山上，平时的休闲娱乐仅限于走门串户聊闲天。到了年底，外出务工的村民回乡后，为了打发时间也为年底热闹一下，往往打牌赌博。个别人曾经一晚上就输掉了一整年的外出务工收入。旅游开发后，村民们忙着发家致富，想着扩大生产，打烊后走门串户也变成了经营信息与经验的交流。

旅游开发前，村里只有两个杂货铺，几乎没有现代化的文体设施和基础设施。旅游开发之后，新农村设施、旅游设施叠加在一起，篁岭新村的设施水平已超过一般镇级单位。村集体和村民也更加富裕，愿意投入文娱活动。以前规模小、频率少的村庄集体文化活动变得频繁起来，规模也大了起来，舞狮、花灯等民间文化活动得以恢复，广场舞也跳了起来。

婺源人自古重视文教。旅游开发前，篁岭又穷又偏，高考成绩一直不好。旅游开发之后，家长纷纷将孩子送到县里、市里、甚至省里的好学校就读。自己也如饥似渴学习文化和经营管理知识。村里书法精美的对联、牌匾，网上构思雅致的旅游宣传语，正预示着朱熹故里的文化新出发。

三、存在的问题与村民的主要诉求

（一）主要问题

1. 传统社区解体，村委会管理失灵

篁岭是曹氏聚居的村落，旅游开发之前，为典型的山居人家，几乎没有异姓。村民世代居住在一起，彼此非常了解，交往频繁，村民之间具有很强的情感联结。2009 年，整体搬迁下山后，村民获得了“家门口”零距离就业创业的机会，实现了“不离乡不离土”的就地城镇化。但居住形态、经济形态的改变，也造成了传统社区的解体。带来了家庭结构小型化、邻里关系淡漠化、社会伦常金钱化等后果，社会不良现象有所增加。应对这些“现代性”问题，村委会基本处于失灵状态。况且篁岭村民下迁后，裁撤了原有村委会，改归栗木坑村委会管辖，目前尚缺乏有效的参与、沟通和服务机制，反映该问题的主要是村中处于社区砥柱地位的中老年人群。

2. 贫困文化抬头，穷根尚未挖断

旅游开发前，篁岭经常发生地质灾害，是江西有名的贫困村。长期贫

困之下，极少部分村民逐渐形成了小农本位的生产观、好逸恶劳的劳动观、得过且过的幸福观等一套固化的价值观念、生活方式和行为规范，即所谓的“贫困文化”。旅游开发初期，经济收入快速增加、居住环境迅速改变带来的激动消退之后，“贫困文化”有所抬头。一是妒忌挤兑创业成功、收入更高的村民；二是牢骚抱怨景区公司赚了大钱，自己所得甚少；三是抵触挖苦村干部和景区管理人员；四是不蓄资本，忽视扩大生产。课题组认为，该问题在篁岭十分轻微，甚至是村落社会不可避免的。但读过书、打过工的回乡创业青年，十分敏感这个问题，一半以上的受访青年提到这个问题。

（二）主要诉求

1. 加快社区营造

将村中的有识之士或有威望、有想法的人结合在一起，成立不同主题的商会、协会，如开办民宿的村民可以组成民宿经营商会、手工艺者可以组成传统技艺协会等。这些商会和协会对内建立彼此平等的有序协作关系，对外开展集团营销，并代表大家与政府部门、景区公司对话。使村中的文化精英、经济精英和社会精英脱颖而出，协同处理公共事务，建立精英共治的“现代性”村落社区。

2. 重建社区经济

第一，努力发展旅游经济，将篁岭旅游的上下游产品供应最大程度本土化，将更多的经济效益留在篁岭村内，使旅游经济成为篁岭发展的强劲引擎。第二，发展服务社区的地方产业，如小的零售业、生活服务业、社会福利、村民教育等，这些小的经营以服务社区居民为主，防止社区生活供应的“空心化”。第三，大力发展携程网店和淘宝网店，减少游客招揽的中间环节，突破产品销售的空间障碍，破解篁岭旅游经济的季节性。第四，规范安置房的出售与出租，提升房产价值，扩大资产性收入。总之，通过产业的关联性发展，促进村民间紧密的依赖关系，使社区经济的重建服务于社区社会的重建。

3. 建立社区规矩

在篁岭，传统社区趋于解体，乡俗规矩体系正在失灵。应有意识地推动村民在村落景观维护、公共空间使用、村民参与管理、社会福利分享等各方面形成新的社区规矩。这些规矩须通过社区舆论的持续正能量传播来有效建立。

4. 消除贫困文化

通过有效帮扶改善创业环境，通过文化扶贫传播正能量，通过舆论引导建立新规矩、通过文娱活动倡导新时尚、通过教育培训养成新能力，对贫困文化进行综合治理。当前篁岭已零星出现以次充好、强买强卖的苗头，这是贫苦文化的产业表现，必须立即着手治理。

本章小结

“篁岭模式”是业界在破解传统村落产权矛盾方面的有益尝试，其关键在于村落的土地与屋宅产权置换，以及由此形成的社区与景区在空间上的分离。本章关注的是“篁岭模式”下社区居民参与村落旅游发展的程度、方式与感知，通过2015年1月和2016年6月的两次实地调研，结合座谈会、半结构访谈和问卷调查，获取信息和数据，对篁岭村原住民的旅游产权感知进行调查。

研究结果表明，村落旅游开发和迁居新村改善了居民的生计水平和生活环境，外来的开发商在获取村落旅游资源产权的过程中，也较为谨慎，但当村落旅游的社区反哺能力较弱时，居民对社区参与程度和产权的实现程度仍以负面感知为主，且社区内部的感知、态度差异分明。当村落旅游经济明显改善，社区实际受益快速增加时，居民对社区旅游发展成本与代价的态度，明显更为包容。由此可见，传统村落旅游社区增权的关键在于增收。

第七章 传统村落社区旅游产权制度的实践效应

第一节 案例地的基本差异

传统村落是利用具有一定历史年代的建筑景观、聚落景观以及附着的村落文化来吸引旅游者，开展旅游活动的目的地。本书选取的三个案例地，都属于典型的传统村落，在旅游吸引物方面具有较高的同构性，但是在所处区位、旅游发展阶段和旅游治理模式方面存在较大的差异性，具体情况如下：

一、李坑村

（一）旅游区位

李坑村位于婺源县秋口镇。婺源县的旅游业发展起步于1993年，最初主要依靠以摄影团体为主的散客向外传播，积累了一定的市场知名度。从20世纪90年代后期开始，婺源县便确定了以旅游业为主导的产业发展战略，筹集大量资金投入景区建设和公路建设，并以“中国最美的乡村”为形象定位，积极开拓市场。2007年9月，通过整合县域内的12处高品质资源，成立了江西婺源旅游股份有限责任公司，并开始实施景区通票制。自2007年之后的9年间，婺源县的旅游年接待人次一直是江西省第一，是华东区域知名的旅游强县。2015年，全县接待游客1529万人次，综合收入76亿元。

（二）旅游发展阶段

李坑村是婺源东线的第一站，也是婺源县最早步入旅游发展的景区之一，2007年，婺源旅游股份有限责任公司从私人经营者手中收购了李坑村的旅游经营权，并纳入14家（当时为12家）通票景区内一起经营管理。在被收购之前的2006年，李坑村的游客数量已具较大规模。县域旅游资源的整合和通票制的实施，对婺源旅游发展起到了明显的促进作用。尽管多年来，李坑景区没有更新旅游业态，旅游活动仍以静态参观为主。受旅游业的整体利好趋势影响，2007~2013年的7年间，李坑的游客规模呈现出平稳的两位数增长，2013年接待游客71.99万人次；2014年和2015年，游客规模呈现出缓慢回落的趋势，分别接待游客69.61万、63.36万人次，村落旅游处于发展的平台期。

（三）旅游治理模式

李坑村的经营方婺源旅游股份有限责任公司，为民营资本和国有资产的股份企业，其中最大的两个股东，分别为婺源县旅游发展有限公司和三清山旅游集团有限公司。婺源县以国有资产入股占27%，三清山集团以资本控股占36%。无论是在景区经营权的收购方面，还是在企业与社区关系协调方面，婺源县政府和秋口镇政府介入都比较多，属于典型的政企合作治理方式。

二、罗田村

（一）旅游区位

罗田村位于南昌市安义县石鼻镇，距离南昌市60千米，距离昌北机场35千米。相较研究中关注的其他两个古村落，罗田村的资源禀赋和旅游区位最弱。安义县虽然紧邻南昌市，但其县域旅游发展起步晚、投入有限，加之境内缺乏垄断性的高品位资源，也没有成熟的旅游线路，景区建设滞后，旅游产业一直没有明显的起色。2015年，该县接待游客276万人次，同比增长30.18%。从交通区位来看，罗田村距离昌北国际机场非常近，在资源品位超群的情况下，这样的区位是有利于村落对接江西省外市场的。但是，罗田村的主要客流以南昌市民居多，就影响力而言，仅是一个市民周末休闲的选择，因此良好的交通区位并未转换成旅游区位优势，村落旅游发展也呈现出比较明显的旅游非优区特征。

（二）旅游发展阶段

罗田村的旅游发展，起步于2000年村民黄涛的开发，持续了几个月之后，开发者财力不济，放弃经营。黄涛的开发之举，引起了县镇政府对罗田村的注意，在宣传方面有所举措，吸引了少量的游客到访。2006～2014年，香港恒茂集团与县政府合作开发安义古村落群，在景区基础设施建设和古建筑修缮方面有所投入，2010年获评3A景区。恒茂集团在安义的投资，以房地产业为主，被动涉入旅游，是为了达成县政府招商引资时的附加条件，因而积极性不高。经过8年的开发，罗田村的旅游并没有达到预期进入高速发展阶段，游客规模徘徊不前，2010～2014年，该村的旅游接待人次一直停滞在52万～57万。此外，由于离主要客源市场太近，又缺乏体验型的旅游项目，罗田村的景区性质可以概括为——以南昌市民为主的周末型半日游目的地。到访的游客逗留时间非常短暂，用餐的数量不多，过夜的少之又少，村落旅游经济的主要来源是微薄的门票收入。

（三）旅游治理模式

2006年，政企合作的旅游公司成立后，为推动景区建筑风貌管理和社区协调工作，安义县政府成立了古村群管委会，支持和配合公司管理景区。2014年，因安义县政府没有兑现建设用地事宜，在安义古村群旅游开发中的投入又超过了企业的投资意愿，恒茂集团退出了罗田村的旅游经营。安义古村群旅游开发公司转由安义县政府独资经营，管委会重新组建，具体经营管理事务由县旅游局负责，截至课题组调研期间，罗田村仍采用政府主导型治理模式。

三、篁岭村

（一）旅游区位

篁岭村位于婺源县江湾镇栗木坑村，通过201省道可与婺源旅游东线串联，成为这条线路上的最后一站。篁岭村是徽派传统村落中比较少见的山地型村落，开发前交通非常不便，存在较严重的地质灾害隐患，受地形制约，多数家庭的水田都在几公里之外，遇冬季还易出现饮用水困难等问题。20 世纪 90 年代以来，村中的青壮年多外出务工，经济条件得到改善的家庭多数逐渐迁居山下，村中多留老弱妇孺和缺乏迁居经济能力的贫穷家庭。至 2009 年开发商介入之前，200 多户人家的村子，仍居住在原址的有 73 户。

（二）旅游发展阶段

2009 年，通过招商引资渠道，婺源县乡村文化发展有限公司在江湾镇和栗木坑村民委的配合下，开始对篁岭村进行“腾笼换鸟”式的旅游开发。居民整体搬迁后，企业投资修建了山下直通景区的观光索道，解决了可进入性问题。充分利用村落周边的森林、梯田资源和村中的“晒秋”民俗，打造丰富的视觉景观。同时，逐步对村中 117 幢民居进行修复，注入了高端景观民宿、文化演艺、旅游会展、民俗体验等多元化的业态。经过三年多的建设，篁岭景区于 2013 年 3 月 15 日开始试营业。显然，婺源县优异的旅游区位和市场知名度，为篁岭旅游的发展奠定了良好的基础；景区运营团队的丰富经验、超前于大部分传统村落观光的业态策划，推动了篁岭在婺源众多的传统村落中脱颖而出。2014 年，获评 4A 景区，当年旅游接待人次 23 万人，门票收入 2500 万元；2015 年接待 40 万人次，收入近 5000 万元。自试营业以来，景区的相关图片、新闻、视频，多次见刊于主流报刊、网站和电视媒体，是近年来传统村落旅游的热点景区。

（三）旅游治理模式

在开发之初，企业的介入得到当地村镇的大力支持，但搬迁之后的景区建设、运营和管理方面，篁岭景区采用的是比较纯粹的企业治理方式。村落产权的整体置换，使企业获得了高度自主的资源处置权，也确保了运营团队在民居修复和改造、景区商业业态控制等方面措施的顺利实施。尽管篁岭景区和社区在空间上是分离的，但景区主入口与篁岭新村仅十米，且地处偏僻，建设用工和日常经营所需人力资源，主要由临近社区输送；因旅游开发和新村建设，村中大量土地用途发生变更，非青壮年的失地农民就地就业问题，成为企业必须正视的一个问题。故而，企业与社区之间的依存关系只是稍弱于重叠型的社区型古村落景区。

第二节　案例地社区旅游产权感知的差异

一、案例地居民感知差异的显著性

为明确村落旅游发展水平与治理方式对农民财产权利感知的影响，利用 SPSS 的 ANOVA 单向方差分析对三个案例地居民财产权利感知的 11 项因子进行均值比较。

H_0：$\mu_1=\mu_2=\mu_3$，即不同的村落旅游发展水平与治理方式下，社区旅游产权感知没有差异。

H_1：$\mu_1\neq\mu_2\neq\mu_3$，即不同的村落旅游发展水平与治理方式下，社区旅游产权感知存在差异。

$\alpha=0.05$。

以案例地为分组变量，取值为 1、2、3，分别代表李坑、篁岭、罗田，以农民财产权利感知的 11 项因子为分析变量，统计分析结果如表 7－1 所示。

表 7－1　　ANOVA 单向方差分析统计结果

		平方和	df	均方	F	显著性
开发决策权实现程度	组间	66.363	2	33.181	37.243	0.000
	组内	160.369	180	0.891		
	总数	226.732	182			
现行权力结构认同程度	组间	33.381	2	16.690	14.015	0.000
	组内	214.368	180	1.191		
	总数	247.749	182			
经营参与权的实现程度	组间	18.039	2	9.020	9.153	0.000
	组内	177.371	180	0.985		
	总数	195.410	182			

续表

		平方和	df	均方	F	显著性
参与管理权实现程度	组间	34.150	2	17.075	21.024	0.000
	组内	146.189	180	0.812		
	总数	180.339	182			
资源使用费金额合理程度	组间	16.891	2	8.445	8.420	0.000
	组内	179.532	179	1.003		
	总数	196.423	181			
资源使用费支付方式合理程度	组间	53.355	2	26.677	34.000	0.000
	组内	140.448	179	0.785		
	总数	193.802	181			
资源使用费分配方式合理程度	组间	39.571	2	19.786	20.665	0.000
	组内	171.379	179	0.957		
	总数	210.951	181			
征地补偿金额量合理程度	组间	31.919	2	15.960	16.385	0.000
	组内	172.408	177	0.974		
	总数	204.328	179			
征地补偿支付方式合理程度	组间	14.005	2	7.002	7.250	0.001
	组内	170.945	177	0.966		
	总数	184.950	179			
征地补偿分配方式合理程度	组间	16.252	2	8.126	10.219	0.000
	组内	140.743	177	0.795		
	总数	156.994	179			
私产物权收益金额合理程度	组间	18.167	2	9.084	11.258	0.000
	组内	144.426	179	0.807		
	总数	162.593	181			

方差分析结果显示，11 项因子的三组数据均属比较所对应的 P 值均小于 0.05，因此拒绝 H_0，接受 H_1，也就是说，不同的村落旅游发展水平与治理方式下，社区旅游产权感知存在差异。

二、开发决策权的实现程度与感知差异

研究中的开发决策权是指，村落居民有权决定是否开发、以何种形式开发村落的旅游，由于我国绝大部分传统村落都采取了经营权承包的方式开发旅游，因而在感知量表设计时，重点考虑了村落旅游经营权外包的决策过程。

如表7－2所示，三个案例地的村落开发决策过程中，仅有篁岭村采取了法定的村民会议协商，经过激烈的争论，该决策最终获得了到会半数以上村民的同意。但是在篁岭村的旅游开发决策过程中，有一个不得不提的问题是，在旅游开发前，篁岭村已经呈现出严重的“空心化”特征，大部分青壮年村民都不会常年居住在村中，因此这次村民会议所作出决策的合理性，也在调查过程中遭到许多受访者的质疑。为了得到村民的广泛认可，推进产权置换、整体搬迁工作的进展，篁岭村民推选出6名代表成立理事小组，挨家挨户协商产权置换的方案，历经两年多，开发决策才得以最终落实。尽管如此，感知数据的统计结果显示，篁岭村民对社区村落旅游开发决策权的实现程度，仍是负面感知。

表7－2　案例地开发决策权的实现程度感知

案例地	村落旅游开发决策过程描述	感知均值	感知区间
李坑	开发之初有村民代表小组参与协商，开发决策未经村民代表大会通过	1.98	非常负面
罗田	村民委与村民协商未达成一致，仍然执行了开发决策	1.27	非常负面
篁岭	开发之初有村民理事小组参与决策，开发决策经过村民代表大会协商	2.75	比较负面
案例地	现行权力结构描述	感知均值	感知区间
李坑	政企合作治理，村民委辅助协调，村民个人不参与决策。	2.25	比较负面
罗田	政府治理，村民委辅助协调，村民个人不参与决策。	2.16	比较负面
篁岭	企业治理，下设地方工作部协调社区关系，少量村民参与，村民委辅助协调。	3.08	比较正面

李坑村的旅游开发，经历了村民委“架杆收费”、个体企业承包经营

和政企合作经营的过程，历次更换经营方，都经过了漫长曲折的协商工作，但是从访谈中了解到的信息来看，李坑村很少在村落旅游事务方面启用村民会议的决策程序，历次都是由村民代表小组与经营方协商。罗田村的旅游开发决策，是由安义县人民政府作出的，除时任村干外，村民几乎不知情。感知调查的数据表明，这两个村落对社区在旅游开发决策过程中非常有限的知情和参与，意见较大。

与旅游开发决策密切相关的，是村落旅游治理的权力结构。由于经营权受托方的不同，三个村落分别形成了政企合作、企业治理和政府主导三种不同的权力结构，其具体的权利运行方式也有所不同。三者的共同点表现在：其一，非社区的外来权力主体获得了村落旅游事务的主要话语权和支配权力；其二，在村落旅游管理组织缺位的情况下，村民个体仅能通过村民委来行使权力。因此，村民委是否作为成为影响权力运行的重要因素。访谈中设置了“对村落现行权力结构认同度”的题项，仅有篁岭村，公司内设有地方工作部，企业管理层中有本地居民参与，使不少村民能够通过这些途径来发出声音，因而获得了正面的认同。

三、经营管理权的实现程度与感知差异

（一）参与经营权的实现程度

调查中，主要考察了案例地社区居民在旅游经营方面的参与广度、方式、收入水平，并在访谈中以“旅游经营收入水平满意程度”作为“参与经营权实现程度”的观测变量，具体的情况如下：

1. 参与广度

单从参与旅游经营的家庭在村落人口中所占比例来看，篁岭村居民家庭在旅游中的参与率居于首位，达到76.90%；李坑村的参与比率也非常高，达到70.30%；罗田村居民家庭在村落旅游中的参与较为有限，如图7－1所示。

2. 参与方式

传统村落社区居民参与旅游经营的方式包括餐饮、住宿、购物三种直

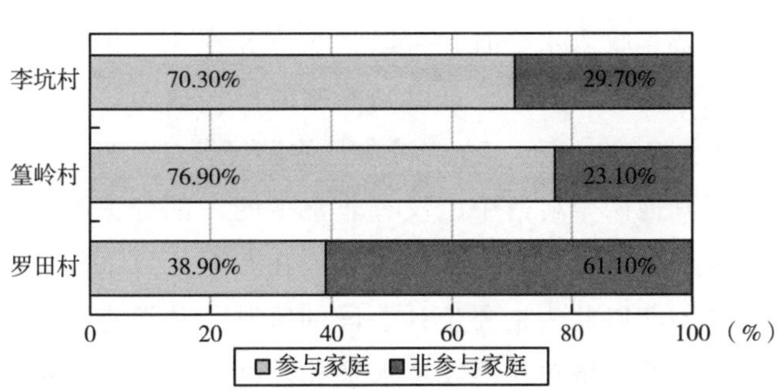

图 7－1 案例地居民家庭旅游经营参与广度

接的方式，以及出租房屋、受雇他人参与两种间接的方式。如图 7－2 所示，三个村落居民参与旅游经营的方式配比大相径庭：李坑村以直接参与为主，间接参与占比较低；篁岭村以间接参与占绝大多数，直接参与非常有限；罗田村直接参与和间接参与兼而有之，但是考虑该村家庭的旅游参与广度和实际参与家庭户数，就很容易看出这是一种双低的参与方式。

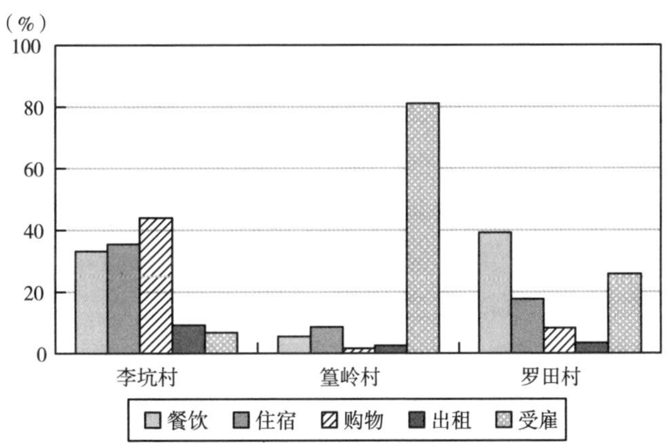

图 7－2 案例地居民家庭参与旅游经营的方式

3. 旅游收入

2014 年，江西省农村居民人均可支配收入 10117 元①。数据采集的时间是 2015 年 1 月，案例地家庭的平均人口规模以 5 人居多。因而在考察案

① http：//www. jx. xinhuanet. com/news/focus/2015－02/01/c_ 1114205586. htm. 2015－02－01.

例地居民家庭旅游年收入水平时，可以将5万元视作一个分界点。当一个家庭的年旅游收入超过5万元，可以判断旅游已经成为该家庭的主要经济来源。据此，如图7-3所示，李坑村参与旅游经营的家庭中，过半已经达到了这个水平，其他两个村落中，仅有非常少的一部分家庭旅游收入能超过5万元。同理，也可以判断，旅游年收入在5万元以下的家庭，即使参与了旅游，但并不能以此为主要生计手段的家庭。从调查数据来看，在篁岭村和罗田村，旅游经济对村落经济水平和社区家庭生计的影响仍停留在补充阶段，而远未到达替代水平。

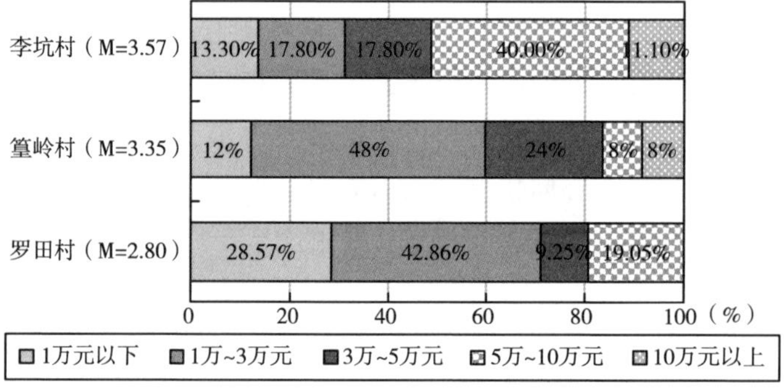

图7-3　案例地参与经营的家庭年旅游收入分布

（二）参与管理权的实现程度与感知差异

传统村落旅游管理所涉及的内容，远比一般的非社区型景区和非景区型社区都要复杂，涉及聚落环境维护、村落文化治理、社会关系协调、经济利益分配、主体权力平衡等多个方面，是一个需要多元主体共同参与才能够完成的过程。

调查中主要考察了社区居民参与村落旅游管理的方式、程度与感知：

1. 社区参与管理的方式有直接和间接之分，前者指居民以组织或个人的身份，直接参与村落旅游的日常管理事务，后者指通过非正式的方式干预管理过程。三个村落中均没有成立村民委之外的社区旅游管理组织，换言之，通过村民委间接参与，是案例地社区参与旅游管理的主要方式。除篁岭景区经营企业中有少数社区居民进入管理层之外，其他两个村落的企业管理层中，均没有社区居民，呈现出非常明显的管理主体外部化倾向。

2. 在村民组织化程度和直接参与都非常有限的情况下，村民仅能通过非正式的方式向村民委和企业管理人员表达诉求和意见，以实现间接参与。其参与程度取决于村民委和企业对社区关系的重视程度。如表7-3所示，案例地社区在村落旅游管理中的参与程度都不高，其中以罗田村的情况最严重。访谈中有不少受访者反映该村的村民委在处理旅游相关的公共事务时，几乎从不听取村民的意见，久而久之，村民便丧失了参与的热情和积极，对相关事务也不甚关心。

表7-3　案例地居民参与管理的实现程度

案例地	是否有村民委之外的村落旅游管理组织	曾参与过旅游公共事务管理的受访者比例	主要参与方式	感知均值	感知区间
李坑	无	23.4%	向村干部反映意见	2.08	比较负面
罗田	无	5.6%	向村干部反映意见	1.45	非常负面
篁岭	无	40%	向企业管理人员反映意见	2.54	比较负面

3. 受访者对参与管理权的感知均为负面。这一变量的均值在三个案例11项产权感知观测变量中均位于倒数第二，由此可见，案例地社区参与管理权的实现程度非常不理想。

四、收益分配权的实现程度与感知差异

（一）村落旅游资源收益分配

传统村落的旅游资源收益，主要指景区经营方利用村落中共有的旅游资源开展经营活动所获取的收益，在实践中主要体现为景区门票收入。经营方按照约定方案提取给村落社区的这一部分，即为资源使用费，有些地方也称作门票分红。

案例地的资源使用费分配方案，存在较大的差异，调查中获取了案例地资源使用费金额、支付方式和分配方案的相关信息，并分别测量了受访者对这三个变量的感知，具体见表7-4：

表 7-4　　案例地村落旅游资源使用费分配方案及居民感知

案例地	金额	感知	支付方式	感知	分配方式	感知
李坑村	居民 2320 元/人/年，每年递增 60 元；村民委 7.5 万元/年	2.66	按季支付	3.38	由村民委按在籍人数均分，与建房、计划生育事项挂钩	3.41
罗田村	12 万元/年，用于支付土地租金、环卫、照明费用	2.08	按年支付	2.20	由村民委支付给相关人员	2.29
篁岭村	35 万元/年，每五年递增 10 万元，分发后 400 元/人/年	2.85	按年支付	3.20	由村民委按在籍人数均分	3.12

受访者在考虑资源使用费金额时，都会以村落当年的游客规模作为一个参考。尽管三个村落的居民都不知道景区当年准确的游客人次和门票收入，但是通过日常观察，不难判断出村落旅游发展的态势。因此，资源使用费的多少，在金额绝对值之外，还是一个相对的概念。李坑村居民对金额的感知数值，很好地印证了这一点，每人每年 2320 元的门票分红金额已经不少，但考虑到相对值（当年游客人次 69.61 万）之后，受访者给出了负面的评价。

篁岭村旅游资源所有权的情况有所不同，经营方通过产权置换获得了居民屋宅的处置权和使用权，但屋宅并非是村落旅游资源的全部构成。无论经营方是认可了这一点，或是出于协调社区关系的考虑，在“腾笼换鸟”的“篁岭模式”中，仍然保留了资源使用费。其金额与李坑有一定差距，但社区的认同度稍高，显然受访者在衡量时，已经考虑了村落旅游现状和经营方已支付的前期费用。

李坑村与篁岭村的资源使用费在支付方式与分配方式方面都非常相似，所获评价也相近。罗田村的情况与前两者差异较大，经营方与村民委商定每年支付其 12 万元作为资源使用费，但是这笔费用一部分用于抵扣村中的电费，剩余的部分则被村民委用于支付土地租金和清扫人员的工资，在大部分村民的印象中，罗田村并不存在“门票分红”这个事物。相对于当年 762 万元的门票收入，12 万元的资源使用费已经非常微薄，在支付和分配过程中，又被挪用他处。在罗田村的访谈中，无论受访者知情与否，对村落资源使用费事宜的感知都比较负面。

(二) 村落土地流转收益分配

案例地村落集体土地流转收益及居民感知如表 7 - 5 所示。

表 7 - 5　　案例地村落集体土地流转收益及居民感知

案例地	收益金额	感知	支付方式	感知	分配方式	感知
李坑村	水田：750 千克稻谷/亩/年，征用，被征地家庭可建新房；	3.20	一年一付	3.20	公司 - 村民委 - 村民个人	3.28
罗田村	水田：6000 元/亩征收，安置人口享有低保名额，104 元/月；或 137.5 千克稻谷/亩/年，征用； 菜地：3000 元/亩，征收；	2.14	一次性支付/一年一付	2.59	公司 - 村民委 - 村民个人，部分从资源使用费支付	2.67
篁岭村	水田：1.2 万元/亩，征收； 菜地：5000 元/亩，征收； 梯田：200 千克稻谷/亩/年，流转；	2.57	一次性支付/一年一付	3.20	公司 - 村民委 - 村民个人	3.32

传统村落的土地流转主要包括三种情况：一是为满足村民改善生活条件的主要需要和家庭人口增长的客观要求，在村落周边征收集体土地建设成片的新宅基地，在人口密集的一般村落，常见这种情况；二是村落聚落环境的景区化过程中，不可避免地需要使用村落的土地，用于建设旅游设施，例如停车场、游客中心等。这部分土地多为征收土地，也有征用土地违规建设的情况；三是为营造有特色的田园景观，强化古村落的聚落景观效果，景区经营企业租用村中土地用于种植景观作物，造成事实上的土地承包经营权流转。

本书所关注的案例地中，上述三种情况兼而有之。

涉田面积最大的是篁岭村，为了实现整体搬迁，2009 年在公路旁征收水田 80 亩用于建设安置新区；并将景区内近千亩梯田（部分为晓鳙村土地）以租用方式进行流转后，建设“四季花谷”项目；村中屋前屋后散落的菜地也全部被征用。罗田村旅游用地涉田 272 亩，其中 150 亩为征收，用于建设停车场、游客服务中心和景观道路；102 亩为征用，用于建设休闲农业景观和停车场。

这两个村落的受访者在被问及“土地征收/征用是否对村民生产生活造成影响”时，反应比较强烈。尤其是罗田村，被征的土地中，大部分为两季稻良田，受访者的态度分成两类：一类是被征地的家庭，对征地的补偿金额感到不满；另一类是没有被征地的家庭，对征地的行为本身表示不满。篁岭村两次调研的情况有一定区别：2015 年 1 月，篁岭古村的旅游发展尚未表现出强大的社区反哺能力，不少村民对土地被征后的家庭生计感到担忧；2016 年 6 月调研时，篁岭景区已是婺源东线炙手可热的新兴景区，居民在旅游中的参与度和受益情况，都有明显的改善，绝大部分受访者对失地一事表示接受，但也有少数年长又无力参与旅游的居民，表达了对未来的担心。

李坑村的旅游用地前后共有 30 余亩，均为良田。其中 11 亩是在旅游发展初期，用于建设小规模的停车场、游客中心和景区管理用房；另 20 亩为 2014 年新增，用于建设停车场，全部为该村第五组的水田。这 20 亩田地的情况较为复杂，说是征用，却又改变了土地用途用于建设；说是征收，但补偿金却是一年一付。在征地过程中，遭遇了较大的阻力，为推进停车场的建设，镇政府同意放宽第五小组被征地家庭的建房限制。闸口一开，其他小组的村民也群起效仿，村中挤压已久的建房需要喷涌而出，直接造成了李坑 2014 年国庆后的爆发性建房热，在此之前相关部门为保护景区风貌所作的努力，付之东流。

调查中重点考察了受访者对土地征收/征用补偿方案的感知，现行法律中仅对征收土地补偿有相关规定，对于征用补偿并无明确条文，在实践中多以征收补偿为参考标准。根据《土地管理法》，耕地的征收补偿费用由土地补偿费、安置补助费和青苗补偿费组成，前两项单项最低为前三年平均年产值的 6 倍和 4 倍。2014 年，江西省水稻单产为 404.3 千克/亩，当年的收购价为 135 ~ 138 元/50 千克，早晚两季稻纯收益为 1119 元/亩①，近年来相关数据的变化程度不大。以此作为参考，2015 年江西省内征收耕地的补偿费用，土地补偿费最低不应低于 6714 元/亩，安置补助费最低不应低于 4476 元/亩，两项相加为 11190 元/亩，青苗补偿费另计。即使是征

① http://www.moa.gov.cn/fwllm/qgxxlb/jx/201504/t20150420_4534694.htm. 2015-04-20.

地补偿金额最高的篁岭村，离最低标准，也还是有一些距离。

征收和征用土地的补偿费用在金额和支付方式方面都有所不同，征收的为一次付清，征用的为一年一付，但是就调查中了解到的情况来看，三个村落的村民委和村民小组都不存在截留土地征收/征用补偿的情况。受访者对土地流转收益的负面感知，主要是认为补偿金额太低。

（三）村民私有物权收益

案例地村民家庭私有物产收益及居民感知如表 7 –6 所示。

表 7 –6　　案例地村民家庭私有物产收益及居民感知

案例地	私宅出租/出售给公司作为景点	私宅出租/出售给私人用于经营	感知均值
李坑村	租金 3 万 ~5 万元/幢/年，屋主继续居住；	核心地段店铺租金：7 万 ~8 万元/年 偏僻地段店铺租金：2 万 ~3 万元/年	3. 34
罗田村	租金 2 ~3 元/米^2/年，屋主继续居住； 租金 11 元/米^2/年，屋主不居住；	核心地段店铺租金：0. 6 万 ~1 万元/年；	2. 80
篁岭村	置换价：根据屋宅新旧程度 300 ~430 元/米^2（建筑面积），附属建筑另计单价，屋前屋后果树根据树龄单独计价；房屋折价后用于置换新村两层半安置房，9. 6 万/幢，建筑面积 200 米^2，折价 480 元/米^2。		2. 60

如前所述，传统村落中居民家庭/个人拥有完整所有权的物仅有私宅建筑。三个案例地都没有出售房屋的情况，在一般的村落中也非常少见。由于宅基地是集体所有，村民没有处置权，房屋的交易只能在同村村民之间进行。《土地管理法》中明文规定，一户只能拥有一处宅基地，且出卖、出租住房的农户，丧失申请宅基地的资格。因此，案例地私宅建筑物权的流转，包括出租和产权置换两种情况。

根据租用房屋的对象不同，私宅出租又可以分为两种不同的情况：一是景区经营公司租用村中一些保存完好、有代表性的古建筑，作为主要参观景点，李坑村和罗田村中所有的参观点，都属于这种情况。由公司出资修缮维护古建筑，并支付屋主一定的租金；二是个体的旅游经营者（以外来为主）租用村中沿街的店铺开展经营活动，李坑村外来经营者有 10 余家，罗田村则以本村居民租用居多。无论是租给公司，还是租给其他经营者，李坑房屋的租金远在罗田村之上，约为其 10 倍左右。租金的高低主要取决于村落旅游经济的发展水平，村民对私有物产收益的水平感知，则取决于直观的收益大小。

在篁岭新村与老村房屋的置换过程中，老房子根据新旧程度被划分为六个档位，折算价分别为 300 元、330 元、350 元、380 元、400 元、430 元每平方米（建筑面积）；房屋附属设施如台阶、厕所、圈棚也按同等价位，以建筑面积折算；屋前屋后的果树则以树龄单个议价，一同折算后，形成地面附着物总价款。对原篁岭村房屋为唯一房产及宅基地的家庭，投资商提供了“房屋产权调换和货币补偿两种方式”供其选择，对在异地有房产或宅基地的家庭，限选货币补偿方式。新村的房屋为两层半的砖混清水房，建筑面积 200 米^2，9.6 万元/幢，折价 480 元/米^2，村民原房产价款与安置房价款相抵扣后，以现金多退少补①。

单就篁岭新村的房产置换方案而言，并无失当之处——景区经营方支付了新村安置房及公共设施的建设资金，承担了项目建设、管理以及搬迁工作，新村较老村在交通、用水等方面都便利许多，安置房的价格也非常低廉。但是统计数据显示，受访者的感知较为负面。结合实地调查的情况，可以判断这种感知并非取决于直观的房产折算价或安置房价格，而是受到其他因素的影响。搬迁工作存在两个颇受诟病的问题：一是安置房分配过程中的不公平，这一点很难求证。新村共四排房屋，第一排参与旅游经营的机会更多，调查期间，新村已有 11 家旅游经营户，其中 10 家位于第一排。第一排与后三排的受访者对安置房分配的公平性问题多持不同意见；二是安置房的房屋质量问题，几乎所有的受访者都不认可新村的房屋质量，有多名受访者向课题组成员展示了自家房屋严重漏水、天花板坍塌、墙体裂缝等情况。

五、案例地居民财产权利感知的共同特征

案例地社区旅游产权感知如图 7－4 所示。

综合前述章节的个案研究和本章的比较分析，可以认为，三个案例地

① 《篁岭村民房屋搬迁安置补偿合同》，2015 年 1 月实地调查过程中由受访村民提供原件拍照，产权置换的具体方案与信息均来自这份合同。

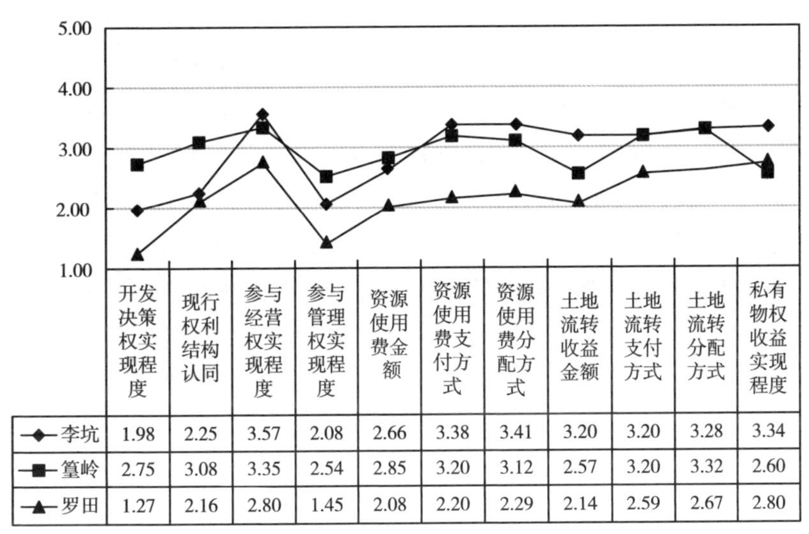

	开发决策权实现程度	现行权利结构认同	参与经营权实现程度	参与管理权实现程度	资源使用费金额	资源使用费支付方式	资源使用费分配方式	土地流转收益金额	土地流转支付方式	土地流转分配方式	私有物权收益实现程度
李坑	1.98	2.25	3.57	2.08	2.66	3.38	3.41	3.20	3.20	3.28	3.34
篁岭	2.75	3.08	3.35	2.54	2.85	3.20	3.12	2.57	3.20	3.32	2.60
罗田	1.27	2.16	2.80	1.45	2.08	2.20	2.29	2.14	2.59	2.67	2.80

图 7－4　案例地社区旅游产权感知（均值折线图）

的居民财产权利感知具有如下共同特征：（1）总体而言，传统村落的居民对自身财产权利的实现程度，以负面感知居多；（2）在三个村落现行的旅游治理模式下，村民的旅游开发决策权和参与管理权实现程度都非常低；（3）居民参与经营权的实现程度，取决于村落旅游经济的发展水平，同时受村落旅游发展方式影响；（4）居民对收益分配权的负面感知偏向于收益水平本身，而非分配方式。

第三节　传统村落社区旅游产权制度的实践效应

一、村级自治制度的实践效应

（一）县乡政府对村落旅游经济治理的主导干预

村民委员会是《宪法》法定的“基层群众自治性组织”，同时是主要的村落集体经济组织。传统村落的旅游经济具有明显的集体经济和公共事务特征，在没有村落旅游经济组织存在的前提下，村民委是唯一的集体经济治理主体，代表村民行使集体资源处分权和受益权，这是早期各村“架杆收费”的行动依据。自“架杆收费”阶段以后，20 世纪 90 年代，各地县乡政府以国有资源代理人的身份，介入传统村落旅游经济的发展中，逐渐成为其中主导。开发资金的缺乏促使地方政府寻求投资主体的多元化，将传统村落旅游的经营权转让给投资企业，或地方政府自行组建企业实行企业经营。这些企业与地方政府之间，有着紧密的联系。

由于村级治理的半行政化倾向[①]，伴随村落旅游经营权不断上移、外化而来的是村民委逐渐成为县乡政府行政指令的落实者，兼景区经营企业与村民利益的协调者。乡村社区公共事务和集体经济治理的自主性质，随之淡化。课题所关注的三个村落中，李坑村数次的经营权转移、篁岭村产权置换的模式选择、罗田村旅游开发的决策与经营主体的历次更换，都并非源自村民委的自主决策，而是由村民委配合县乡政府执行具体的工作。

（二）村落治理的民主程度不高，直接参与度低

村民会议是保障农民财产权利的基本形式和重要途径，因其“承载着直接民主的理想”[②]（唐鸣，2005）。事实上，村民会议在我国乡村中召开得极少，作为不得已的变通，村民代表会议便应运而生。三个案例地中，仅有篁岭村，因产权置换涉及村民切身利益，在旅游开发过程中启用了村民会议程序。更多的时候，理应纳入村民会议表决的公共事务，只是通过村民代表会议，或村干部决定即可。比这更糟糕的是，在有些村落，涉及旅游资源使用费、公共建筑租金等公共事务，村民委既不组织会议，也不公开账目，村民自治已经异化成了“村官治理”。

从课题组掌握的信息来看，案例地居民在村落旅游治理中的直接参与度非常低下，一方面是由于村民会议、村民代表会议、村委会三者之间有

① 王丽惠．控制的自治：村级治理半行政化的形成机制与内在困境——以城乡一体化为背景的问题讨论［J］．中国农村观察，2015（2）：57－68＋96．

② 唐鸣，王林．关于村民会议几个问题的法律探讨［J］．江汉论坛，2005（10）：75－77．

着逐级递减的权力基础和会议成本（王振标，2012）①，略过村民会议甚至村民代表会议，直接由村委会治理村务，是出于追求便利和效率；另一方面的现实因素是一个村过半以上18周岁村外出且1/3家庭整体在外务工或经商的情况比比皆是，村民会议的召集存在现实上的困难，因而多数村落在紧要事务的决策上会组织村民代表会议；还有一个方面的因素则是村干部的职业道德与工作作风，会直接决定他处理村中事务的态度与风格。

二、村落旅游资源保护利用制度的实践效应

（一）村落旅游资源的利用成本高昂，是经营权上移和外化的根本原因

传统村落旅游资源的开发过程，本质上是村落从原生乡村向旅游景区的过渡。一般的村落，能够为居民提供生产生活的资源即可成为合适的聚落环境，包括足量的宜耕土地、充足的水源和适合居住的空间等。传统村落，在满足居民生产生活需求之外，还须具备符合旅游市场需求和行业管理要求的游览环境，涉及交通、游览、安全、卫生等多个方面。我国的城市与乡村长期以来处于二元化的非均衡发展状态，多数乡村地区公共建设滞后、基础设施匮乏，偏远山区尤其如此。要实现原生的传统村落到标准化景区之间的转变，就有必要建设完善的基础设施、配套完备的旅游设施、保持优良的生态环境，此外，还必须保持村落核心旅游吸引物——建筑群落的景观完整。上述种种，都需投入巨额资金才能实现。

文中案例地之一罗田村，2000年第一次由私人尝试旅游开发，因投资缺口过大，经营者放弃；2006年，恒茂集团介入，至2014年，在基础设施和古建修缮方面，投入2500万元，但是景区等级不过是3A，各项设施的完善程度、古建筑的保护力度，仍然非常不理想。因投资额和回收期超出预期，投资商放弃经营。篁岭景区，2009～2016年，仅村落古建筑的风貌复兴工程，就耗资3亿多元，投资强度高达每平方米建设用地1万元，

① 王振标．村民自治中的直接民主与间接民主——兼论村民会议、村民代表会议与村委会之间的关系［J］．安徽农业科学，2012（2）：1139－1140＋1155.

在巨额的投资之下，该景区迅速获评4A级旅游景区。受旅游资源高昂开发成本的限制，尽管村落旅游资源是属于国家、村集体和居民个人共有的，但是单纯依靠村落社区自身，或地方政府财政投入，难以实现。因此，在很长的一段时期内，社区自主开发传统村落旅游，都不是一种普遍可行的路径。将资源的使用权让渡给有资金实力和景区运营经验的市场主体，是唯一的选择。

（二）资源使用费金额有限，支付方式单一，用途发生明显偏差

对于旅游资源利用过程中的法律关系，《文物保护法》《历史文化名城名镇名村条例》和《旅游法》只是一再强调资源保护的重要性，对于实践中已经广泛存在的旅游资源所有权和使用权分离、重叠问题，并没有作出具体明确的界定，对资源利用者的资质和使用权让渡过程中的补偿费用，也没有相应的要求。制度建设与实践发展之间的脱节严重，由此可见一斑。能够提供相应制度参考的，仅有《风景名胜区条例》中对资源经营者行为的约束，包括应当缴纳资源有偿使用费，指明了门票收入和资源有偿使用费应当用于资源的保护和管理以及景区内财产所有人、使用权人损失的补偿。除此之外，对于旅游资源所有权和使用权人的身份和权能内容、资源价值和补偿标准的界定，均没有明确的条文。这在根源上导致了传统村落旅游资源利用过程中，外部产权主体和地方政府对村落集体和个人财产权利的侵占。资源的产权困境，进一步限制了资源价值的明晰，也在根本上模糊了资源使用费的补偿标准。在传统村落旅游发展的实践中，最显而易见的产权困境导致的资源利用乱象和居民权利受损，就是资源使用费的问题。

传统村落旅游发展实践中资源使用费的构成和用途，都值得商榷。首先，从构成来说，资源使用费是村落资源价值的直观体现，对于其价值内容，有学者认为应当包括商品价值、生态价值和折补价值三个部分，而当前的村落经营权转让协议中则仅仅估算商品价值部分[①]（唐晓云，2005）。从三个案例地资源使用费的金额来看，现实中的情况只考虑了村落旅游资

① 唐晓云，赵黎明．社区旅游资源产权困境及其改善［J］．旅游科学，2005（4）：11－16＋21.

源的商品价值，而且对其估值很低。其次，资源使用费的用途，仅限于对所有权人和使用权人损失的部分补偿，对资源物质和功能“恢复原状”[①]的补偿则完全没有体现。

三、农民土地财产权利制度的实践效应

一直以来，我国城乡居民财产权利的不平等，尤其是农民土地财产权利的贫困，严重制约着农民财产性收入的增加，使全民共享改革发展的成果成为一句口号[②]。农民土地财产权利的不健全不完善问题，在传统村落旅游发展的过程中依然突出，是制约村落居民参与旅游发展、分享村落发展成果的根源性因素。主要表现在以下三个方面：

（一）土地征收征用补偿方式单一，失地农民生计可持续问题突出

传统村落旅游的景区化运作中，不可避免地需要使用村落的土地，征收用于建设或征用后作为景观用地。无论土地流转后的用途如何，其基本的改变是原承包方失去了可以耕种的土地。旅游发展造成的失地农民现象各地都有，因点状散落没有形成空间上的集聚，目前尚未引起足够的重视。传统村落旅游发展中的土地征收征用补偿，形式尤为单一，对失地农民的安置绝大多数采取“输血型”的一次性货币补偿[③]，很少将失地农民的生计转换与可持续纳入考虑[④]。货币补偿虽然简单易行，带来的后患隐忧不少。失地农民中，尤其弱势的是村落里上了年纪的“留守人群”。在篁岭村与罗田村的调查中，课题组成员接触到不少这类人群，恋土情节深重，就业能力差，失地之后，基本无法向城市转移就业，创业能力弱，就地参与旅游经营的机会少，最后陷入一种既失地又失业的尴尬境地。

---

① 姜文来，杨瑞珍．资源资产论［M］．北京：科学出版社，2003：32 －120.

② 李平．农民财产权利的有效落实形式［J］．新经济，2014（32）：16 －18.

③ 卢娟．旅游发达地区失地农民可持续生计问题研究［D］．中南民族大学，2013.

④ 汤夺先，高朋．城市化进程中失地农民的贫困问题及其治理［J］．中国人口．资源与环境，2012（8）：114 －120.

（二）土地征收征用补偿标准刻板，农民无法共享土地增值收益

以农地前三年年均产值计算征地补偿的产值定补法，带有鲜明的计划经济特征，未充分考虑市场因素，既不是地租更不是地价，仅仅是土地价值的部分补贴，不能准确的体现土地的价值。而即便是这样的标准，在传统村落征地的执行也是就低不就高。现实中，确定土地补偿费很大程度上与被征地所处的地区、当地经济发展状况以及当地基础设施条件等有关，与土地年产值的关联其实并不紧密[①]，同地不同价的现象常见。同时，土地用途的改变使得原有的土地具有更大的价值升值空间，而此种价值远大于改变土地用途前的预期收益。产值定补的补偿标准则完全没有体现土地的价值升值，致使土地被征后的增值收益流向了非社区的使用主体，农民无法共享土地增值的收益。简而言之，以农地年均收益为标准计算，在具体执行时又大打折扣的征地补偿标准没有充分尊重农民的所有权收益[②]，致使农民的土地财产权利被蚕食削减。

（三）宅基地权能与规模供需失衡，限制社区居民内生发展需要的满足

现行法律法规中，涉及宅基地的内容较少，且内容抽象简单，仅《土地管理法》和《物权法》中有寥寥数条。农村宅基地的基本制度可以概括为“一户一宅、免费取得、长期占有、村内流转、退出无偿”。在传统村落的实践中，宅基地权能与规模的供需失衡表现都非常突出。

一是宅基地权能的供需失衡。《物权法》将宅基地使用权界定为用益物权，但农民家庭仅拥有占用、使用权能，不包括收益、处分权能。宅基地使用权不能抵押，不能跨越“村”的范围流转。随着城镇化进程的加快，越来越多的农民进城务工后落户在城市，但农村仍然保留着宅基地和房屋，基本处于闲置状态，是一种极大的资产浪费；此外，随着一些传统村落旅游经济的发展壮大，村中屋宅的经济价值和市场需求，都在不断上涨，但是屋宅附着在不能流转的宅基地上，导致农民房屋价值不能得到充

---

① 丁彬珂．城乡一体化进程中农村集体土地征收制度的改革创新［J］．农业经济，2014（3）：39－41.

② 卢娟．旅游发达地区失地农民可持续生计问题研究［D］．中南民族大学，2013.

分体现[①]。

二是宅基地规模的供需失衡。这种失衡，属于传统村落的特有情况。在一般的村落中，青壮年劳动力异地就业、升学等带来的人口外迁比较常见，许多"空心村"的宅基地和屋宅处于闲置状态；但是在传统村落，尤其是像李坑这种旅游发达村落，常住人口规模的自然增长、旅游经济吸引来的外来人口，加之庞大的游客规模，对居住空间和宅基地的需求较大。受制于村落建筑风貌控制、审批制度严格程序复杂等因素，宅基地的供应非常有限。在罗田村和李坑村的调查中，基层政府对新增宅基地的审批和原址新建的管制都非常严苛，客观上限制了村民生产生活空间的改善。

四、私产物权的实践效应

（一）房屋与宅基地权能不一致，在根本上限制了私产物权的收益水平

传统村落居民的私产物权，主要是房屋建筑的私有产权，《物权法》规定"私人对其合法的收入、房屋、生活用品、生产工具、原材料等不动产和动产享有所有权"（第六十四条）。村民对其私有房产，拥有完整的占有权、使用权、收益权和处分权，但是对于宅基地，村民没有处分权。离开完整的宅基地权能，房屋的私产物权很难流转，其收益权也很难有较高水平的经济价值实现，农民仅有的完整物权，很难转化成财产性收入。近年来也有少数脱离农村的居民，将村中的房屋出售，这种交易，既不受法律保障，房屋的收益水平也一般很低。

（二）传统民居的保护条例僵化，导致居民权益受损，历史建筑保护不力

近年来，我国的传统村落步入一个快速消亡的阶段，有关调查发现，在长江、黄河流域，颇具价值的传统村落已不足6000处，平均每年递减

① 叶兴庆．从四个方面赋予农民更多财产权利［J］．中国发展观察，2013（12）：4－5.

7.3%，每天消亡1.6个[①]。传统村落保护的形势非常严峻，其中历史地段和历史建筑的保护是核心工作。古村落的历史建筑群落，是珍贵的文化遗产，也是村落的核心旅游吸引物。古村落的历史建筑以民居建筑为主，据不完全统计，截至2014年11月，在已公布的三批2555个中国传统村落中，普查登记的不可移动文物有1.1万多处，其中个人产权不可移动文物达6600多处，占一半以上，而当中绝大部分为传统民居。这些个人产权文物建筑中，约有2/3保存状况较差，需要维护[②]。

对于传统民居的保护主体和标准，法律法规条文明确——"非国有不可移动文物由所有人负责修缮、保养"（《文物保护法》，第21条）；"核心保护范围内的历史建筑，应当保持原有的高度、体量、外观形象及色彩等"（《历史文化名城名镇名村保护条例》，第27条）。在拯救传统村落、保护文化遗产的氛围推动下，考虑到历史建筑对村落旅游发展的重要性，相关部门对建筑风貌的控制工作，不仅重视，而且执行严格。但是对于居住其中的居民而言，又别是一番滋味。

作为传统民居的产权人，法律赋予其完整的所有权，同时也是传统民居的保护主体，在现实中，产权人对建筑的处分权与保护义务之间矛盾突出。屋主不能依照自己的意愿改造、扩建房屋，导致其财产权益受损，地方政府和历史建筑使用权的共享者景区经营企业都有义务予以补偿。在没有补偿或者补偿不够的情况下，屋主保护历史建筑的意愿必然不强烈。此外，越是建筑年代久远、价值珍贵的古建筑，越有必要保存修缮，但是这类建筑的古建保护修缮成本和技术要求都非常高。"对已有百年历史的古建进行整体修缮，即便不落架维修，每平方米至少需5000元，落架大修费用更高，每平方米要1万元以上。"[③] 显然，绝大部分产权人并不具备这样的经济能力，而个人产权的文物建筑保护并未列入各级财政补助项目。上述种种，在罗田村、李坑村，乃至大多数传统村落中，都是普遍存在的现象，造成的结果，不仅是产权人的居住条件受限、财产权益受损，还有大量历史建筑的逐渐破败，乃至消失。

---

① 方莉．传统村落急剧消失意味着什么？［N］．光明日报，2014－01－09005.

② 王立元，焦雯．传统民居保护遭遇产权私有难题［N］．中国文化报，2015－03－13002.

③ 姚雪青．当古建保护遭遇私人产权［N］．人民日报，2015－07－22012.

第八章 传统村落社区旅游产权保障机制的创新路径与对策

第一节 影响社区旅游产权实现的主要因素

从实地调研的感知数据和案例地基本事实来看，当前传统村落农民财产权利的实现程度并不理想。研究的主要关注点，是财产权利正式制度在具体情境中的实践效应，但是制度文本本身并非决定农民财产权利实现程度的全部因素。正如经济学者所总结的那样："任何个人的任何一项权利的有效性都要依赖于（a）这个人为保护该项权利所做的努力，（b）他人企图分享这项权利的努力和（c）任何"第三方"所做的保护这项权利的努力[①]"（汪丁丁，1997）。笔者认为：普遍性的制度因素、村落旅游发展中其他主体的作为和社区居民自身特征等因素都会对农民财产权利的实现过程产生影响，具体来说，包括如下几个方面：

一、产权正式制度方面的因素

（一）正式制度自身的局限性

现阶段，我国农民产权的贫困和正式制度的不够完善，是政府层面和

① ［美］Y. 巴泽尔．产权的经济分析［M］. 上海：格致出版社，上海三联书店，上海人民出版社，1997：3.

学界都已经形成的共识。尽管，中共中央的历次政策改革和许多研究人员都致力于为农民争取更多的财产权利，但是到目前为止所取得的制度革新，仍是处于量变阶段，并未修订相关基本法的条款。就传统村落相关的正式制度而言，前文中已经对其局限性进行概括分析，主要体现在四个方面：一是农村集体土地所有权主体的不确定；二是农民家庭土地财产权利的不完整；三是征地补偿与土地实际价值的不对称；四是传统民居保护义务与主体的不匹配。

（二）制度实践效应的有限性

农民财产权利的正式制度，在传统村落的具体情境中，又并未取得百分之百的实践效应，而是在许多方面多体现出明显的有限性，具体包括：第一，在村级自治方面，县乡政府对村落旅游经济治理的主导干预，削弱了村落旅游治理的自主性。村落内部治理的民主程度不高，又进一步降低了居民的直接参与程度。第二，在村落旅游资源保护利用方面，高昂的利用成本导致村落旅游经营权上移和外化。外部利用主体支付的资源使用费金额有限，方式单一，且用途发生明显偏差。村落旅游资源保护主体的界定模糊，导致过度利用、开发无序。第三，在农民土地财产权利方面，土地征收征用补偿方式单一，引发了突出的失地农民生计可持续问题。土地征收征用补偿标准的刻板，使农民无法共享土地增值收益。宅基地权能与规模的供需失衡，限制了社区居民内生发展需要的满足。第四，在私产物权方面，房屋与宅基地权能的不一致，在根本上限制了私产物权的收益水平。传统民居保护条例的僵化，导致居民权益受损，历史建筑保护不力。

二、村落旅游发展层面的因素

（一）村落旅游发展方式

村落旅游发展方式，主要是指传统村落景区与社区之间的空间关系。传统的发展方式以就地开发为主，近年来，少数村落的旅游经营者为避免居民生活空间与景区游览空间重叠导致的纠纷，也是为了更好地保存历史建筑等文化遗产，开始采用将居民集体外迁的方式开发村落旅游，研究中关注的篁岭景区属于此列。

村落旅游发展方式对居民财产权利实现程度的影响，主要体现在居民参与经营的方式不同：

在传统的就地开发模式中，居民直接参与旅游经营的机会较多，方式丰富，包括餐饮、住宿、旅游购物、旅游交通、房屋出租和受雇参与。居民能够较好地共享村落土地和资源价值的增值收益，有较多的家庭能够实现以旅游经营为主的生计方式。但是，村落旅游发展的程度越高，所需要的资源要素越多，村落旅游功能与生产生活功能之间的矛盾就越突出，居民的私产物权处置权所受到的限制也会越发明显。

而分离型的开发模式中，居民直接参与旅游经营的机会相对有限，以受雇参与为主。村落土地和资源价值的增值收益会更多地流向景区经营企业（企业在获取资源使用权方面的成本也会剧增），家庭旅游收入也呈现出与就地开发模式完全不同的结构。居民整体搬迁后，居住空间和生活条件得到有利的改善，但是搬迁和产权置换过程中造成的失地农民安置，仍是一个突出的矛盾。村落旅游必须具有强大的社区反哺能力，才有可能降低因失地和搬迁带来的社区负面情绪。

（二）村落旅游发展水平

就案例地受访者对财产权利实现程度的感知而言，村落旅游发展水平是导致社区居民感知差异的最显著因素。一方面，村落旅游发展水平会直接影响到村民参与旅游经营的机会和获利程度，受访者对此认知非常清晰；另一方面，旅游经济的发展水平，会影响土地价格、房屋租金和受雇人员的工资水平。此外，有一个隐性的影响是，旅游经济较为发达的村落承包家庭对土地价值的期望更高，在土地征收征用过程中，其议价能力也更强。因而，旅游发达村落的征地补偿会明显高于旅游非优村落。

（三）旅游治理权力结构

村落旅游治理权力结构，是指参与村落旅游治理主体的权力配置结构。研究中的三个案例地，有着不一样的权力结构，李坑村的政企合作型、篁岭村的企业主导型和罗田村的政府主导型。课题中没有涉及社区主导型的案例地，在实践中，这种类型也非常少见。所观察的个案中，无论治理权力如何配置，社区居民在其中都是话语权微弱的群体，三个村落受访者的开发决策权与参与管理权都有着最低的感知数值。权力结构对居民财产权利的实现，有着非常重要的影响，离开必要的权力，居民无法实现对资源和资产的占有、支配，只能通过间接的渠道和途径影响其他权力主体的行动。这显然使居民在争取财产权利的实现方面处于非常被动的地位。

三、社区居民自身因素

（一）产权意识淡薄

从三个案例地数次访谈中了解到的情况来看，传统村落居民对财产权利内容和表现形式的认知非常模糊，其中尤其以土地财产权利最为严重。具体表现在：（1）绝大部分受访者不清楚土地征收与征用的差异，因而在根本上也就失去了判断征地补偿是否合理的准尺。（2）没有一个受访者能够清晰的表达出征地后，原承包方应获得的补偿和安置。（3）维权意识薄弱。尽管大部分受访者对征地补偿乃至征地行为本身不满，但是仅有极少数受访者表露出明确的维权行动倾向。（4）对现实经济利益非常敏感，较之征地补偿和公共建筑租金的合理程度，受访者对资源使用费的金额反应明显强烈得多。

简而言之，在传统村落居民的认知中，他们更能感受到碎片化的财产权利和实际收益的多寡，对于自身在村落旅游发展中应该实现的完整权利缺乏认识。当对利益的不满达到临界状态时，受访者多倾向于通过“拦门阻客”的方式表达诉求，而最好的结果不过是资源使用费金额的有限增加。传统村落居民淡薄的财产权利意识和有限的维权方式，也是导致其财产权利难以实现的因素之一。

（二）旅游参与能力有限

从案例地的样本基本信息来看，传统村落居民的受教育程度非常低，绝大部分在村落中生活的村民，都仅受过初中及以下的教育，大部分有技能的村民以外出务工为生。文化素质和专业技能的有限是农民转移就业难度大的主要原因，表现在旅游参与方面也是如此。客观来说，现行的村落旅游治理权力结构很少吸收社区居民直接参与管理，其中有一部分重要的因素是受制于大部分居民参与能力，而具备参与能力的居民，多数并不以村落为主要生活空间。而在旅游经营方面，有一技之长、文化素质较高的村民，参与程度和收入水平明显较高。即便村落旅游经济发展到一个比较理想的状态，能够为居民提供大量的就业机会，仍然有相当一部分村民难以参与其中，或是只能以浅层的方式参与获取微薄的收入。旅游参与能力的有限，降低了村民在更高程度上实现财产权利、共享村落旅游发展成果的可能性。

（三）村民组织化程度低

研究中关注的三个案例地都位于江西省。赣地和古徽州地区的村落，在历史上都曾是宗族势力非常发达的乡村，宗族组织将村民个人、家庭紧密地联系在一起。但是随着时间的推移和乡村治理制度的更替，加之青壮年外出务工等因素，现今的传统村落中，村民的组织化程度普遍都非常低，很难联结起来制衡其他权力主体，以争取财产权利的更高实现水平。村中公共事务的处理，主要依靠村民委员会发挥作用，而村民对自己选出来的村干部，又往往充满着不信任和不认同，三个村落历次经营权委托过程中的村民代表小组也是更替频繁。加之村民委的半行政化倾向，村干部工作方式与理念又因人而异，村民委事实上很少会为维护村民权益而对抗其他主体。多数情况下，不过是居中协调，下达指令。以村民个体的散落力量，更加难以在与地方政府和投资商的博弈中获得主动地位。如此种种，导致的直接后果是，景区经营企业在完全没有社区监督的情况下运营，投入多少，收益几何，村民都不得而知。村民组织化程度的低下，进一步强化了社区的权利贫困，减少了村民财产权利实现的机会。

通过对三个传统村落的调查研究，本书认为，(1) 村落资源的产权困境是制约传统村落农民财产权利实现的根本制度性因素。(2) 村落旅游的治理权力结构又进一步局限了农民在社区旅游经营管理中的参与，将农民财产权利的实现程度限制在更小的范围内。(3) 在不完善的制度和有缺陷的权力结构之内，村落旅游经济的发展水平与发展方式差异，也对社区旅游产权的现实价值水平和实现程度产生局部的影响。(4) 就农民自身而言，组织化程度低，参与能力有限，大部分人对财产权利认知不清、财产权利保障意识薄弱，但是对实际的经济利益和自身在财产权利方面的弱势地位，有着清晰的感知。如何在现有制度和政策框架内，调整村落旅游治理的权力结构，创新古村落旅游经营管理模式，促进社区居民在开发决策、经营管理和收益分配方面的更好参与，使其社区旅游产权能够得到最大程度的实现和保障，推动村落旅游和社区的共同可持续发展，是本书力图有所突破的主题。

第二节 传统村落社区旅游产权保障机制的创新路径

土地财产权利是农民财产权利的核心与关键，随着城乡二元化体制弊病的日益凸显，农民的土地财产权利也得到更高层面的重视，相关政策改革的力度也越来越大。2008 年 10 月 12 日，党的第十七届第三次全体会议通过《中共中央关于推进农村改革发展若干重大问题的决定》，对农村土地制度给予高度的关注。“允许农民以转包、出租、互换、转让、股份合作等形式流转土地承包经营权，发展多种形式的适度规模经营”，并要求“完善征地补偿机制……按照同地同价原则及时足额给农村集体组织和农民合理补偿，解决好被征地农民就业、住房、社会保障”。同时，“在土地利用规划确定的城镇建设用地范围外，经批准占用农村集体土地建设非公益性项目，允许农民依法通过多种方式参与开发经营并保障农民合法权益”。相比原有的法律法规，《决定》拓宽了农民土地承包经营权的权能，提高了征地补偿标准，并赋予了农民参与土地流转增值收益分配的权利。

2013 年 11 月 15 日，党的十八届三中全会审议通过了《中共中央关于全面深化改革若干重大问题的决定》，明确提出“赋予农民更多财产权利”，“让广大农民平等参与现代化进程、共同分享现代化成果”，具体体现在以下三个方面：第一，农民承包地的承包权、经营权，可以抵押、担保、转让。第二，农民的宅基地可以抵押、担保、转让，使农民切实有财产性收入。第三，农村的集体建设用地可以与城市的国有土地实行同地、同权、同价[①]。《决定》中赋予农民的财产权利在后续的政策法规中得到有力的落实，2014 年，中央一号文件明确农村土地承包经营权的可抵押担保属性，实质上等于确认农村土地承包经营权是我国农民的一项财产权利，其可完整实现经营使用、有偿流转、抵押担保、长期持有及继承等财产功能，成为与住房、农业设施等资产相匹配的农民固有财产。2015 年 1 月 12 日，国务院办公厅发布《关于引导农村产权流转交易市场健康发展的意见》。2016 年 3 月 24 日，人民银行发布《农民住房财产权抵押贷款试点暂行办法》。各项配套的政策陆续出台，各省、自治区也在积极探索政策落实的实施细则，农民财产权利的贫困，有望在政策落地后得到明显的改善。

一、传统村落旅游股份合作制的提出

传统村落旅游的股份合作制经营模式，是在明确村落资源所有权的基础上，综合参与式发展和现代企业制度，成立股份合作制企业形式的村落旅游经营管理组织，由村落居民、地方政府与投资商共同参与村落旅游开发、经营、管理的一种新型模式，如图 8 - 1 所示。

该模式与现行模式最基本的不同在于：通盘考虑传统村落旅游发展中必需的国有资源、村落集体资源、居民个人物产、市场资金、景区经营管理技术等必要要素，将地方政府、村落集体和个人、投资企业等产权主体纳入一体化的村落旅游经营管理组织中，使资产转换为企业股份，使主体之间的关系转换为组织内部的关系。

二、传统村落旅游股份合作制的基本框架

（一）组织成员

股份合作制模式中的传统旅游经营管理组织由地方政府、村落社区、投资企业三方组成。具体的成员如下：

① 邹德民.《决定》使农民财产权利由虚拟变现［J］. 黑龙江省社会主义学院学报，2014（1）：15 + 21.

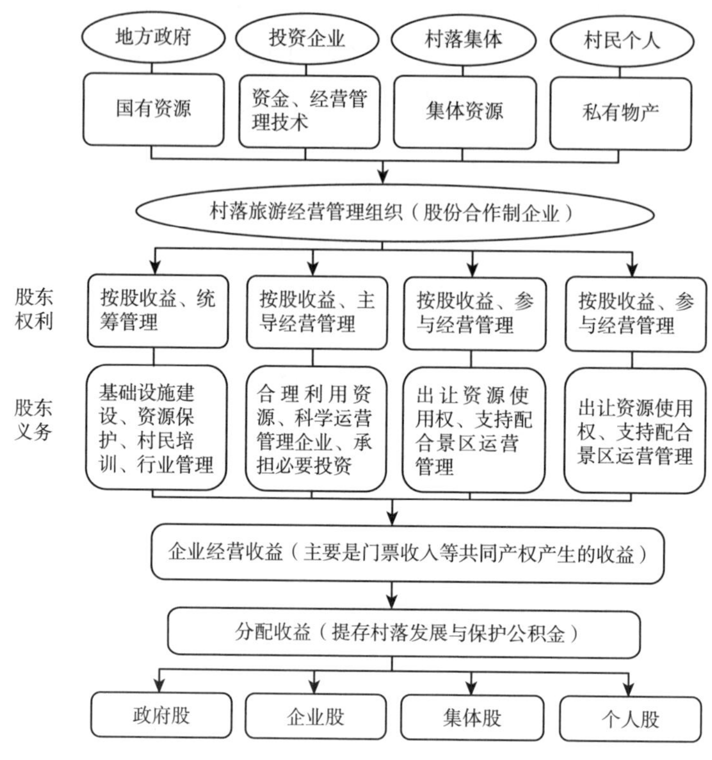

图 8－1　古村落旅游股份合作制经营模式示意

1. 地方政府

由于传统村落旅游经营管理的综合性较强，涉及政府和众多的相关职能部门，但是这些部门不可能全部都直接参与其中，建议成立以县级人民政府为主导，旅游主管部门、文物保护部门和属地乡/镇政府共同参与的传统村落管理委员会，由管理委员会抽调人员参与到村落旅游经营管理组织的管理决策层当中。

2. 村落社区

有条件的村落，可以成立由村民代表、旅游精英等组成的村落旅游协会，推举成员直接参与村落旅游经营管理组织的管理决策，对投资企业的经营管理行为实施监督，并确保村落居民对相关事宜的知情和参与。条件尚不成熟的村落，可由村民委员会继续兼任村落旅游经济组织的角色，但是应当适当吸收旅游精英参与相关的管理决策。

3. 投资企业

投资企业可聘用专业的景区运用管理人员或直接采用企业原班人马负责村落旅游经营管理。在景区整体运营和经营性项目开发方面，以企业意见为主导，但是对于影响村落资源资产和村民生活的项目和事宜，应充分尊重社区意见。

（二）组织形式：股份制企业

村落旅游经营管理组织采用股份制企业形式，村落、政府和投资商共同作为股东，以不同的形式认缴出资，参照股份制企业制度设置相应的股东大会、董事会、监事会等机构，并制定相应的章程。股份制企业的形式，能够对经营管理者形成有效的监督约束机制，有利于实现治理主体的互相制衡，保障传统村落旅游经营管理的决策符合多元主体的利益诉求。

（三）组织成员的职权配置

传统村落管理委员会，以国有资源代理人的身份，代表地方政府行使管理权，对村落旅游治理进行统筹管理，监督投资商的开发经营行为，协调社区居民与投资商之间的关系，在尊重社区自主权的基础上，引导居民全方位参与村落旅游。

村落旅游管理协会，代表村落居民行使集体旅游资源和资产的所有权，协调村落与地方政府和投资商之间的关系，参与并监督投资商的开发经营活动，负责社区居民的内部管理，以村规民约的形式制定相关的村落旅游管理规定。

投资商在政府、村落的监督配合下，开发经营村落整体性的旅游项目以及村落居民无力经营的高端精品业态。

三、传统村落旅游股份合作制的实施流程

（一）界定传统村落资源产权，评估价值

实施传统村落旅游股份合作制，首先要对涉入村落旅游发展的资源产

权进行界定和价值评估，根据资源的所有权性质，将其产权界定为国家产权、村民集体产权和居民个人产权三种产权主体。一般来说，涉入旅游发展的传统村落资源包括国有的山林河流、村民集体所有的土地（包括宅基地）和公共建筑以及居民私有的传统民居。

（二）确定股东股份，成立景区经营企业

将村落旅游资源折价后，其中国有产权的资源以其折价金额与政府前期在村落旅游治理中的投入资产，共同归入地方政府资产；村落居民以景区范围内可供开发的自然景观和文化遗产旅游资源折价入股；投资商以货币形式认缴出资；由三方根据出资比例确定股份，成立股份制公司。根据笔者在历年实地调查中了解的情况，多数居民认为村落在共有旅游收入中所占的比例应不低于25%，结合股份制企业“按股收益”的原则，这个比例可以作为村落社区所占股份的参考值。

（三）制定利益分配方案，明确股东权责

公司成立后，由景区管委会、村落旅游管理协会与投资商共同制定利益分配方案以及相应的公司章程，对股东的权责作出明确的说明。合理的利益分配方案是实施股份合作制模式的难点所在，根据传统村落现行利益分配方案中存在的问题，利益分配方案的制定应在以下几个方面作出调整：其一，利益分配方案以“按股分配”为主，政府、村落与投资商按所占股份享有分配利益；其二，利益分配应与股东履行职责的情况挂钩，如投资商未按约定履行投资金额、村落居民未遵守旅游管理规定时，则应减少其享有的收益；其三，利益分配应兼顾公平，对于不直接参与旅游经营的农户，应适当提高其在利益分配中所占的比例作为补贴。

（四）股东共同参与村落旅游经营管理

由股东共同参与村落旅游经营管理，采取“一事一议”的办法，涉及村落旅游的重要决议，必须征求股东的意见，并由三方协商通过，具体包括：村落旅游发展规划的制定、景区管理条例的制定、拟开发建设的旅游项目以及组织大型的村落旅游活动等。日常管理过程中各司其职，各负其责。以经营年度为期，每半年向股东发布经营和收益情况，并公开门票收

入和运营成本。

（五）定期在股东之间分配经营收益

以一年或更短的时间为周期定期分配村落旅游经营收益，分配前先行提存村落保护与发展公积金，用于支持旅游服务培训、历史建筑修缮、村落资源生态补偿等；剩余经营收益按议定股份在股东之间分配。投资企业获准在村落范围内经营的其他高端业态，提存公积金后的经营收益，归企业所有。

第三节　传统村落旅游股份合作制的实施对策与建议

一、发展多层次多类型的旅游业态

由于传统村落旅游经济水平和社区反哺能力的限制，导致村民在参与机会、村落资源资产的价值实现方面有明显的限制作用。村落旅游发展规模偏小，层次普遍偏低，其根本原因在于发展方式的粗放、低级，旅游业态也普遍粗糙、单一。由此，发展多层次多类型的旅游业态是现阶段传统村落旅游发展的必需选择。

（一）促进传统村落旅游业态的多元化

现阶段，传统村落旅游业态普遍缺乏个性，产品同质化问题严重。促进旅游业态的多元化是当前传统村落旅游的必然选择。景区运营者应充分挖掘村落的内在文化和在地资源，提炼出具有独特吸引力的产品要素，着力培育富含地方特色鲜明的土特产品、旅游纪念品、旅游工艺品、旅游食品等旅游商品，构建差异化的旅游商品体系。要依托村落人文和自然景观，发展民俗体验、农业休闲、精品民宿、旅游演艺、写生体验班等多元化业态。要积极建设旅游商品产业园区、交易中心和研发中心，大力推进旅游商品特色街或特色集贸市场建设，推动旅游商品研发、生产、营销一体化发展。要注重培育旅游产业集群，培育一批产业龙头企业，将各集群内的优质资源串点成线、联线成片，推动产业集群融合发展。

如徽州古村落，可以依托当地徽派民俗，开发出徽派手工艺品、服饰和特色饮食等旅游商品；依托徽州传统傩文化，开发出以傩面具、傩服装、傩式工艺品等民俗文化产品；依托徽州乡村土特产，开发系列旅游土特产商品等。

（二）丰富传统村落旅游业的消费层次

要不断丰富传统村落旅游业的消费层次，针对不同的客源市场，细分市场人群消费能力，构建出以中档大众型消费为主，高端精品业态为辅的业态消费体系。要适时提升传统村落旅游的产品开发模式，推动其从文化观光型旅游开发模式转变为休闲度假型旅游开发模式，从低级的无额外消费型观光为主的游览方式转变为生态体验度假型的旅游体验模式。要在合适的时刻适量发展乡村分时度假、高端民宿、私房菜等高端业态，提升传统村落旅游的人均消费，推进门票经济向复合型旅游经济的转变。

（三）延长传统村落旅游业的产业链条

强化旅游业的关联带动作用，重点推进旅游业与农业、林业、工业、文化产业、金融业、商贸服务产业、养老产业、地产等相关产业的整合、融合发展，形成互动类旅游产品和项目；围绕旅游精品景区和旅游目的地建设，延伸旅游产业链，增强综合配套功能，积极发展旅游综合体和旅游产业园区。

立足村落旅游带来的移动市场和知名度，不断延长旅游业的产业链条。按照旅游“吃、住、行、游、娱、购”六要素的要求，加强对各产业集群旅游配套设施建设，不断延伸旅游产业链条，提高周边村民的参与热情，提高旅游产业效益，满足游客需求。

加快产业集群建设，把培育旅游产业集群、加速产业集聚作为旅游发展的中心工作，重点围绕集群公共服务体系、业态发展、企业运营、品牌创建等方面开展工作。进一步完善集群产业发展体系，加快推进集群内重点旅游项目建设，培育龙头企业，将各集群内的优质资源串点成线、联线成片，推动产业集群融合发展。要着重将旅游业和相关产业相互渗透，产生出新的旅游产品和旅游业态，进一步丰富旅游产业集群的内容，培育和提升旅游产业集群的核心竞争力。

二、提升社区居民的旅游参与能力

（一）增强社区居民对村落旅游权力结构的认同感

尊重社区居民对村落旅游公共事务的知情权和重要事务的决策权，加强村落旅游经营管理组织与居民群体的沟通交流，提升社区居民对外来经营主体和政府决策的信任度，增强社区居民对村落旅游权力结构的认同感。通过公开村落经营管理组织的工作内容及进程，使村落旅游开发的相关信息透明化，是行之有效的增权手段。门票定价、股利分红、征地开发等重要或必要事务，都应事先征得村民的广泛同意和理解。村落经营管理组织制定的景区开发规划、各项门票及项目收益等信息，应及时向村民公布，增加村民对经营管理组织的信任感。通过新体制机制模式运作，将强势力量和弱势力量均衡地安排在一个限制框架内，解决社区居民信息不对称问题，增强居民话语权、自信心和对社区权能建设的认可感①。

（二）吸收旅游精英直接参与村落旅游的经营管理

目前传统村落景区经营企业中，很少吸收社区居民直接参与经营管理，主要原因有二：一是经营主体主观上不希望本地居民参与；二是大部分社区居民不具备参与的能力。经营主体在利益的驱使下，一定程度上将自身与原住民的关系对立起来，存在一定的排斥性，并且村民在管理水平及管理能力方面都客观存在着不足，多数难以胜任景区管理工作。旅游精英长期居住在村落中，对村落各方面历史文化及人文资源都有极强的熟悉性和适应感，能够较为准确地把握游客需求，对村落旅游发展方向的认识

① 郭文，黄震方．乡村旅游开发背景下社区权能发展研究——基于对云南傣族园和雨崩社区两种典型案例的调查［J］．旅游学刊，2011（12）：83－92.

也较为清晰，并且熟悉村落社区的交往规则。将他们吸收到村落旅游经营管理组织中，能够更好地促进组织与社区、市场的连接。

（三）提升不同类型社区居民参与旅游经营的技能

社区居民参与能力的提升是权能建设的有效保障。社区居民难以直接参与管理的客观原因，在于绝大多数村民不具备符合景区岗位需求的工作能力。传统村落旅游从村落观光向文化体验与休闲度假转变将是未来发展趋势，社区居民参与能力的提升必须适应新业态变化，有必要加强居民教育培训，更新居民思想观念，培养与新模式相适应的新型社区居民，增强居民参与的主观能动意识。

提升居民参与旅游经营的技能，是增加社区居民经营管理参与度的关键所在。由于没有受过专业的培训，且村民自身的文化素质和学习能力有限，地方政府在借助“三下乡”“阳光工程”等项目对村民进行相关技能知识培训时，应注重区分村民年龄层，并根据其条件和水平安排适当的培训。例如，老年人沟通交流能力较差但是耐心足、阅历广，实际参与农业工作时间长，更适合从事景区农业方面的相关岗位；中年人年轻力壮，且思想观念较为成熟，为人处世相对沉稳干练，更适合旅游经营、接待或手工艺学习等技能培训；青年人初出茅庐，善于与人交往和沟通，对新事物接受能力较强，更适应旅游接待、手工艺展示等直接与游客接触的服务型行业等。

三、建立村落资源的生态补偿机制

我国传统村落在其历史发展过程中，积淀了深厚的、高价值的历史文化资源，在我国文化传承中占据重要地位。而生态补偿在平衡村落资源保护与开发中有着不可替代的作用，是实现传统村落旅游资源可持续利用的有效工具。

（一）村落资源生态补偿的主要对象

随着时间的推移，传统村落资源在一定程度上发生不良变化。其一，由于村落年代久远，历史建筑易受自然因素的影响而发生破败；其二，由于社会经济体制的变革，村内青壮年大多外出务工，留下没有劳动能力的老人和小孩，这使得村落周边的田地极易遭到荒弃；其三，由于旅游行业的快速发展，村落客流量在一定区间内呈上升趋势，使得各种生活垃圾剧增，导致村内发生溪流水质超负荷排污、生活垃圾超负荷排放等情况。这些不良变化不仅会影响村落居民的生活质量，还会严重影响游客的旅游体验，在某种程度上阻碍村落旅游业的发展，不利于村落资源的开发保护与可持续利用。因此，为了加强村落旅游的可持续发展，有必要对其历史建筑物、周边田地以及内部环境实施有效的生态补偿。

（二）村落资源生态补偿的具体办法

在传统村落的保护中，生态补偿机制作为利益差别的整合器，可以调节成本收益的时空、动态关系，惩治破坏传统村落的行为，激励维护村落生态系统的行为。在建立完善的村落资源生态补偿机制后，可以有效提高村落旅游发展的综合能力。其具体办法有以下 5 个方面：

（1）在村落旅游淡季，由村落旅游经营管理组织从留存公积金中支付必要的设施和人力费用，地方政府相关机构提供技术和人力支持，村集体组织村民家庭出工出力，对历史建筑进行常规检查修缮、对弃耕田地进行整治，同时开展溪流清淤、垃圾清理等工作。

（2）对村落历史建筑物的相关保护措施、维修方式出具具有法律效应的明文规定，并对居民和游客无意、故意损坏历史建筑物的行为，根据其行为、损坏程度等情况进行不同程度的惩罚，承担相应的法律责任；而对于积极保护其历史建筑物的人员，应当给予一定的经济补偿。

（3）对村落内部环境的保护和维持措施做出全面细致的规定。对有意或无意破坏其内部环境的人员，根据其行为、破坏程度等情况进行不同程度的惩罚，承担相应的法律责任；而对于积极保护和维持其内部环境的人员，村委会应当给予一定的经济补偿。

（4）对于历史建筑物的产权人，当地政府、村委会应当给予一定程度上的经济补偿，鼓励该产权者积极保护其历史建筑物，有助于其历史文化的传承。

（5）对于留在村落并耕种田地的村民，根据其耕种田地面积大小，当地政府、村委会应当给予不同程度的经济补偿。

四、协调建筑景观保护与社区发展

（一）合理规划，满足村落居民的内生发展需求

在自有宅基地上改建或新建房屋，本是村民的合法权利，但私有的古建筑又是传统村落的重点保护资源。因而，在传统村落的开发与保护中，居民对现代建筑的居住要求和古建筑景观的保护一直是冲突的。对于村民内生的发展需要，一味地以禁止新建来应对，容易激化矛盾，引发冲突。对此，属地政府有必要对村落居住空间和建筑景观保护区域进行合理的规划。以李坑村为例，2008 年规划的新区，在一定程度上缓解了当时的建房需求，但新批宅基地高昂的售价，超出了大部分村民的接受范围，因而没有发挥长效作用。充分考虑村民的需求和经济能力，科学规划居住新区，是改善乱拆乱建、保护古建筑群落的首要措施。

（二）科学激励，多元主体共同参与古建筑保护

我国《文物保护法》明确了私人所有古建筑的所有权，并要求所有者依法妥善保护文物。但旅游村落古建筑保护的高昂成本，常常使保护和维修成为屋主的沉重负担。与权利不对等的义务，往往难以维持。对此，属地政府的文物保护单位，应积极提供资金、技术和智力支持，在确保文物保护资金到位的基础上，增强古建筑保护的技术扶助，同时应加强古建筑保护知识的普及，引导居民切身参与到古建筑保护工作中来。村落旅游经营者作为古建筑保护的受益者之一，也应当为古建筑保护积极出力，例如明确资源使用费各部分的用途，加大资源补偿费用的支付力度，确保古建筑景观在被利用开发的过程中得到应有的保护。

（三）控制流量，并实施景区旅游经营准入制度

在自然遗产保护与开发方面，我国已形成“区内游、区外住”的基本理念。但是在历史地段的保护与开发中，超容量超负荷的接待游客现象，并未引起应有的重视。以李坑为例，有限的村落空间，260 余户原住民，每年接待游客六七十万，村落的基础设施和服务设施均已超负荷运行。近几年来，水、电资源的紧张和溪流的污染，都已经非常明显。旅游

高峰，村中的步道常常水泄不通、寸步难行，严重影响游客的旅游体验，易造成游客跌落河道等安全事故。管理部门和景区经营企业对游客流量不加控制、对景区内旅游经营不设门槛的放纵态度，在一定程度上加剧了村中高楼遍起的态势。为保证村落旅游的可持续发展，对景区游客容量进行测算和控制，对景区内旅游经营实施准入制度，已成为必要之举。

（四）调整业态，注重古建筑保护的“形神兼备”

妥善地保护古建筑实体是基础工作。但是缺乏生命力的静态保护，必将使古建筑文化失其风采，难以发挥更大的社会效益和经济效益。传统村落的建筑景观保护工作，尤应重视形式与内容的一致。在妥善保护古建筑实体的基础上，挖掘古建筑文化的精华和亮点，注入文化底蕴深厚、形式新颖活泼的旅游商业业态。在吸引游客更深入的欣赏、了解古建筑的同时，能够逗留其中，体验到深刻的乐趣，也可以为村民参与旅游提供多元化的选择和机会。

五、规范旅游用地和失地农民安置

（一）规范村落旅游发展中的土地征用征收

在传统村落的土地征收征用中，存在一些较为明显的不规范行为。如采用征用方式和补偿标准获得土地使用权后，违规改变农地用途，造成土地耕种用途的不可恢复，极大地损害了原承包方的权益；或是为征得足量的良田改作建设用地，不惜以政府行政权力作为交易筹码，与村集体和村民小组谈判，以执法之身，行违规之事，造成传统村落管理秩序的混乱和政府公信力下降。使用村落土地开展公共设施和旅游设施建设，营造旅游景观，在村落旅游发展中有其必要性，其中部分用地具有明显的公共利益性质。但是无论何种情况，都应该遵守农村土地管理的相关政策法规，依法征地；尊重原承包方对土地的承包经营权，自愿征地。

（二）切实保障失地农民生计的可持续发展

从课题调查的三个传统村落来看，普遍都存在土地补偿标准残缺执行、土地流转收益偏低、补偿方式单一等问题；横向比较的结果显示，在整体补偿标准偏低的前提下，同地不同价的问题也较为突出；对于失地农民的就业安置、社会保障等，考虑较少。土地是农民的生计根本，土地财产权利是农民的基本权利，上述这些现象，不仅是对农民财产权利的侵犯，也是对弱势群体生存发展机会的挤压。在保证征地补偿标准完整执行的前提下，对于增值空间大的土地，应将原承包方纳入土地增值收益的共享主体，如征收后用于建设景区公共设施、旅游经营设施的土地，应考虑给予原承包方部分项目股份，使其共享项目的经营收益。对于因公共利益需要征收的土地，如征收后用于建设居民住宅区的农地，则应充分考虑失地农民的就业安置和社会保障问题，如给予其优先、低价购买安置小区临街店铺的权利，通过可行有用的多种途径，确保失地农民生计的可持续发展。

（三）推进古村落土地资源的集约高效利用

当前地方政府和投资商在征收征用村落土地的过程中，存在一定程度的“圈地”行为，特别是在旅游经济不发达，村落土地闲置丢荒普遍的“空心村”，这种情况更为常见。因征地成本低，障碍小，偶见地方政府和投资商征用超过实际需要的大面积土地，以发展旅游名目改作他用的情况。“十分珍惜、合理利用土地和保护耕地”是我国的一项基本国策，对农村土地的非必要征收征用，应当审慎对待。对于耕地资源相对丰富的村落，地方政府和村落基层组织应当鼓励发展多种形式的种养产业，引导散落的土地承包经营权向农业经营大户流转集中，形成规模种养。而非关注蝇头小利，抱着“征地总比荒地好”的观点，听之任之。在村落旅游用地方面，应科学规划建设项目的选址和面积，尽量避免耕地（尤其是基本农田）用途发生改变，充分利用改造“四荒地”建设项目，推进村落土地资源的集约高效利用。

第九章　研究结论与展望

传统村落的旅游开发，是一个微观社会的复杂现象：于政治层面，涉及村落的民主治理以及村级治理组织及其与乡镇、县市政府的分工与博弈；于经济层面，涉及村落旅游资源、土地资源等的保护与利用；于文化层面，涉及村落物质文化和非物质文化的传承与利用。从传统村落旅游发展的动机来考虑，各地踊跃地开发此类景区，主要是出于一种促进资源经济效益转化的目的。对于属地政府来说，是为了促进地方经济尤其是农村经济的发展；对于村落和社区而言，村落旅游的发展能够在多大程度上实现“物”的可持续利用和人的发展，是社区参与其中的根本诉求。对人与“物”之间所有权关系的明晰，是讨论社区在村落旅游发展中应有之权和应得之利的基础。研究立足于我国农村地区社会经济发展的现实问题，关注现有的农民财产权利制度在传统村落旅游发展背景中的实施效应和存在问题，力图在全面、深入认识问题的基础上，创新传统村落农民财产权利的保障机制。

第一节　主要结论

一、明确了传统村落社区旅游产权的内容与表现形式

通过对传统村落农民财产权利法律法规的文本梳理，结合农民财产权利在村落旅游发展过程中的具体体现。研究认为，传统村落社区居民在旅游发展中的财产权利包括村落旅游开发决策权、村落旅游经营管理权、村

落资源收益获取权三个方面，并可以细化为开发决策权、参与经营权、参与管理权、旅游资源收益分配权、集体土地收益分配权和私产物权收益获取权6项主要内容。

二、构建了传统村落社区旅游产权的感知测量模型

在明确财产权利内容及表现形式的基础上，选取11个观测变量，构建了传统村落的农民财产权利感知测量模型，并将模型运用于具体案例地的居民财产权利感知测量中。研究结果表明，该模型在不同类型的传统村落均能够较为清晰地测量出受访者的财产权利感知，能够较好地满足研究需要。

三、明晰了传统村落社区旅游产权制度的实践效应

通过对相关正式制度的文本分析，课题组认为，当前传统村落社区旅游产权制度具有以下四个方面的局限性：农村集体土地所有权主体的不确定；农民家庭土地财产权利的不完整；征地补偿与土地实际价值的不对称；传统民居保护义务与主体的不匹配。

研究中具体考量了财产权利制度在不同类型传统村落旅游发展中的实践效应，研究结果表明，农民财产权利正式制度的实践效应，在村落自治、旅游资源保护利用、农民集体土地财产权利和农户家庭私产物权实现方面，均体现出明显的有限性。

四、探索了传统村落社区旅游产权实现的影响因素

研究进一步探索了影响传统村落农民财产权利实现的重要因素，并得出结论：普遍性的制度因素、村落旅游发展中其他主体的作为和社区居民自身特征等因素都会对社区旅游产权的实现过程产生影响。

村落资源的产权困境是制约传统村落农民财产权利实现的根本制度性因素，村落旅游的治理权力结构又进一步局限了农民在社区旅游经营管理中的参与，将农民财产权利的实现程度限制在更小的范围内。在不完善的

制度和有缺陷的权力结构之内，村落旅游经济的发展水平与发展方式差异也对农民财产权利的现实价值水平和实现程度产生局部的影响。就农民自身而言，由于组织化程度低、参与能力有限，大部分人对财产权利认知不清、财产权利保障意识薄弱，但是对实际的经济利益和自身在财产权利方面的弱势地位有着清晰的感知。

五、提出了传统村落社区旅游产权保障的创新模式

基于对存在问题和影响因素的分析，研究最后提出了传统村落旅游的股份合作制经营模式，即在明确村落资源所有权的基础上，综合参与式发展和现代企业制度，成立股份合作制企业形式的村落旅游经营管理组织，由村落居民、地方政府与投资商共同参与村落旅游开发、经营、管理的一种新型模式。

在现有制度和政策框架内，该模式对村落旅游发展中“人”和“物”的因素进行了创新的制度安排，通过调整传统村落旅游权力结构，将涉入旅游发展的资源和资产统筹其内，使村落资源的价值和社区产权得到应有的体现和保障，促进社区居民在开发决策、经营管理和收益分配方面地更好参与，使其财产权利能够得到最大程度地实现和保障。

第二节　不足之处

一、所构建的感知测量模型难以胜任因子间的复杂分析

按照课题组最初的设想，研究中所构建的传统村落社区旅游产权感知测量模型应该是一个由产权总体感知、财产权利内容感知和重要影响因素感知等多个变量构成的复杂模型，可实现财产权利总体感知测量、总体感知与具体权利内容感知多元回归分析、影响因素与权利感知之间的相关性分析等复杂分析。但是在前期的预调查中，发现在案例地难以实现上述研究设想。由于绝大部分农村居民并不知道自身应该享有哪些财产权利，

因而通过访谈无法获取财产权利总体感知的测量值。在这样的情况下，也可以通过其他方法对具体财产权利内容的因子赋权，但因子权重的客观性又易存在问题。重要影响因素的定量因子选取中，也遇到了类似的问题。

由于上述种种原因，最终构建的感知测量模型，仅能用于观测社区居民对具体产权实现程度的感知，无法胜任归因分析、相关性分析等复杂分析，也在一定程度上影响了研究结论的深度和说服力，这是研究中最大的遗憾之处。

二、研究个案典型性、广泛性不够，影响结论的解释力

文中所选取的三个村落，均位于江西省内，该省的地方法规政策和社会经济发展环境，也有可能对农民财产权利的实现产生影响，但是研究中并未通过分散选点来避免这个问题；此外，研究中所选择的个案，并未完整地覆盖传统村落的类型。总之，囿于课题组成员的精力、时间、经费等因素，研究个案选取的典型性、广泛性都存在不足，因而会在一定程度上降低研究结论的解释力。

第三节　研究展望

一、优化社区旅游产权测量模型与研究方法

在后续的研究中，有必要进一步优化传统村落社区旅游产权感知测量模型，具体工作包括：（1）筛选并删除共线性大的部分因子；（2）根据财产权利所有权的构成，细化财产权利的占有权、使用权、收益权和处分权感知因子，以强化具体财产权利感知的精准性。同时，可以选择能够胜任深层次机理分析的研究方法，比如结构方程模型，来探讨乡村旅游社区产权的影响机理。

二、探索社区旅游产权的多学科研究范式

研究所关注的传统村落社区旅游产权是一个适合多学科交叉开展的研究主题，经济学的制度分析、地理学的中微观空间分析、社会学的参与式乡村评估、人类学的参与式观察，都能在这个研究主题中找到“用武之地”，也只有通过多元化的研究手段和分析范式，才能够实现对微观经济体内动态权利结构的透彻研究。书中尝试着用了多个学科的研究方法，但由于笔者能力有限，这些方法在研究中的融合稍显生硬，期望在后续的研究中能探索出一个真正融合一体、强大贴切的多学科研究范式。

三、拓展不同区域、不同类型的研究个案

就旅游社区研究而言，发现中国各地不同类型的旅游社区，用比较方法逐步从局部走向整体，是接近了解中国乡村旅游社区全貌的唯一路径，这也是费孝通等人追求和坚持的本土化社区研究逻辑。此次对江西省内传统村落旅游社区的研究，也遵循了这种逻辑，所选取的三个社区个案，均是传统村落，在村落旅游资源的类型上，具有较强的同质性，但在所处区位、旅游发展阶段和旅游治理模式方面，均有所不同，且较为典型。可惜的是，囿于作者的精力、时间等个人因素，个案的数量非常有限，尤其是未能选取一个适合开展社区研究的客家传统村落来进行更为周全的比较。同时，由于江西省内社区自主经营旅游的传统村落非常少见，此次研究中也未能涉及这个类型。这些遗憾都留待后续的研究中进一步达成。

参考文献

中文部分

一、著作

[美] Y. 巴泽尔．产权的经济分析 [M]．上海：格致出版社，上海三联书店，上海人民出版社，1997.

[美] 道格拉斯·C. 诺斯 [M]．上海：格致出版社，上海三联书店，上海人民出版社，2008.

陈理主编．民族历史文化资源与旅游开发 [M]．北京：民族出版社，2008.

陈庆德．资源配置与制度变迁 [M]．昆明：云南大学出版社，2007.

单胜道，陈强，尤建新．农村集体土地产权及其制度创新 [M]．北京：中国建筑工业出版社，2005.

何俊，班杰明，许建初主编．乡村治理—村民自治—自然资源管理 [M]．北京：中国农业大学出版社，2007.

贺雪峰．什么农村，什么问题 [M]．北京：法律出版社，2008.

贺雪峰．乡村治理的社会基础——转型期乡村社会性质研究 [M]．北京：中国社会科学出版社，2003.

贺雪峰．乡村治理与秩序：村治研究论集 [M]．武汉：华中科技大学出版社，2003.

姜文来，杨瑞珍．资源资产论 [M]．北京：科学出版社，2003.

彭勃．乡村治理：国家介入与体制选择 [M]．北京：中国社会出版社，2002.

徐勇．流动中的乡村治理：对农民流动的政治社会学分析［M］．北京：中国社会科学出版社，2003.

徐勇．中国农村村民自治［M］．武汉：华中师范大学出版社，1997.

邹秀清．中国农地产权制度与农民土地权益保护［M］．南昌：江西人民出版社，2008.

二、论文

崔晓波．古村落旅游发展中社区参与效度研究［D］．沈阳：沈阳师范大学，2013.

冀瑞鹏．古村落旅游利益主体诉求及表达途径研究［D］．安徽师范大学，2013.

卢娟．旅游发达地区失地农民可持续生计问题研究［D］．中南民族大学，2013.

刘旺．古村落旅游资源开发与保护的激励机制研究——以四川省阿坝州理县桃坪羌寨为例［D］．四川师范大学，2008.

应天煜．中国古村落旅游“公社化”开发模式及其权力关系研究［D］．浙江大学，2006.

于蕾．城市新区土地征用补偿价格研究［D］．浙江大学，2006.

伍先福．基于利益主体理论的古村落旅游开发研究［D］．湘潭大学，2007.

丁彬珂．城乡一体化进程中农村集体土地征收制度的改革创新［J］．农业经济，2014（3）：39－41.

董珍慧．古村落旅游发展中社区参与效度评价指标研究［J］．太原城市职业技术学院学报，2014（12）：62－63.

龚胜生，何小芊．旅游地文化变迁与整合的文化地理学透视［J］．华中师范大学学报（自然科学版），2007（3）：450－454.

郭文．乡村居民参与旅游开发的轮流制模式及社区增权效能研究——云南香格里拉雨崩社区个案［J］．旅游学刊，2010（3）：76－83.

侯国林，黄震方．旅游地社区参与度熵权层次分析评价模型与应用［J］．地理研究，2010（10）：1802－1813.

纪金雄．古村落旅游利益主体的利益诉求实证分析——以武夷山下梅古村落为例［J］．曲阜师范大学学报（自然科学版），2011（3）：87－

92.

雷海燕，赵振斌．古村落旅游形象设计的社区参与模式——以党家村为例［J］．北京第二外国语学院学报，2007（5）：14+73-77.

李凡，蔡桢燕．古村落旅游开发中的利益主体研究——以大旗头古村为例［J］．旅游学刊，2007（1）：42-48.

李平．农民财产权利的有效落实形式［J］．新经济，2014（32）：16-18.

李卫华，赵振斌，李艳花．传统村落居民综合感知及差异分析——以陕西韩城党家村为例［J］．旅游科学，2006（6）：52-58.

刘慧洁．基于利益主体理论的古村落旅游开发模式比较——以西递、宏村为例［J］．经济研究导刊，2014（31）：236-237.

隆学文，刘立勇．旅游非优区开发策略［J］．首都师范大学学报（自然科学版），2002（4）：79-84.

汤夺先，高朋．城市化进程中失地农民的贫困问题及其治理［J］．中国人口．资源与环境，2012（8）：114-120.

唐鸣，王林．关于村民会议几个问题的法律探讨［J］．江汉论坛，2005（10）：75-77.

唐晓云，赵黎明．社区旅游资源产权困境及其改善［J］．旅游科学，2005（4）：11-16+21.

王丽惠．控制的自治：村级治理半行政化的形成机制与内在困境——以城乡一体化为背景的问题讨论［J］．中国农村观察，2015（2）：57-68+96.

王莉，陆林，王咏，杨钊，梁栋栋，卢松．传统村落利益主体关系及影响研究——世界文化遗产地西递、宏村实证分析［J］．资源开发与市场，2006（3）：276-279.

王振标．村民自治中的直接民主与间接民主——兼论村民会议、村民代表会议与村委会之间的关系［J］．安徽农业科学，2012（2）：1139-1140+1155.

翁时秀，彭华．权力关系对社区参与旅游发展的影响——以浙江省楠溪江芙蓉村为例［J］．旅游学刊，2010（9）：51-57.

翁时秀，彭华．旅游发展初级阶段弱权利意识型古村落社区增权研究——以浙江省楠溪江芙蓉村为例［J］. 旅游学刊，2011（7）：53－59.

吴晓庆，张京祥，罗震东. 城市边缘区“非典型古村落”保护与复兴的困境及对策探讨——以南京市江宁区窦村古村为例［J］. 现代城市研究，2015（5）：99－106.

伍先福，谢雄辉. 古村落旅游开发中的利益主体协作问题研究——以湖南岳阳县张谷英村为例［J］. 桂林航天工业高等专科学校学报，2009（3）：323－326.

伍先福. 古村落旅游开发相关利益主体研究［J］. 市场论坛，2010（6）：71－72.

夏正超，刘菊. 温州社区参与古村落旅游的模式分析［J］. 经济研究导刊，2015（15）：249－251.

颜亚玉，张荔榕. 不同经营模式下的“社区参与”机制比较研究——以古村落旅游为例［J］. 人文地理，2008（4）：89－94.

杨效忠，张捷，唐文跃，卢松. 古村落社区旅游参与度及影响因素——西递、宏村、南屏比较研究［J］. 地理科学，2008（3）：445－451.

叶兴庆. 从四个方面赋予农民更多财产权利［J］. 中国发展观察，2013（12）：4－5.

尹寿兵，刘云霞. 基于核心利益主体的古村落文化旅游发展研究［J］. 安徽工业大学学报（社会科学版），2011（3）：8－10＋14.

喻国华. 失地农民权益流失与保障机制［J］. 生产力研究，2006（6）：50－52.

张敏. 社区参与模式在古村落旅游开发中的应用研究——以榆次后沟村为例［J］. 现代经济信息，2014（6）：61.

邹德民.《决定》使农民财产权利由虚拟变现［J］. 黑龙江省社会主义学院学报，2014（1）：15＋21.

陈小春. 我国古村落文化旅游研究综述及发展趋势［J］. 旅游研究，2015，7（2）：7～12.

郭文，黄震方. 乡村旅游开发背景下社区权能发展研究——基于对云南傣族园和雨崩社区两种典型案例的调查［J］. 旅游学刊，2011（12）：83－92.

英文部分

Idziak, Wacław; Majewski, Janusz; Zmyślony, Piotr. Community participation in sustainable rural tourism experience creation: a long – term appraisal and lessons from a thematic villages project in Poland [J]. Journal of Sustainable Tourism. Sep – Oct2015, Vol. 23 Issue 8/9, p1341 – 1362. 22p. 1 Diagram, 2 Charts.

Khazaei, Anahita; Elliot, Statia; Joppe, Marion. An application of stakeholder theory to advance community participation in tourism planning: the case for engaging immigrants as fringe stakeholders [J]. Journal of Sustainable Tourism. Jul2015, Vol. 23 Issue 7, p1049 – 1062. 14p. 2 Diagrams.

Nault, Sebastien; Stapleton, Paul. The community participation process in ecotourism development: a case study of the community of Sogoog, Bayan – Ulgii, Mongolia [J]. Journal of Sustainable Tourism. Jul2011, Vol. 19 Issue 6, p695 – 712. 18p. 7 Charts, 1 Graph.

Pongponrat, Kannapa; Pongquan, Soparth. Community participation in a local tourism planning process: a case study of Nathon community on SamuiIsland, Thailand [J]. Asia – Pacific Journal of Rural Development. 2007, Vol. 17 Issue 2, p27 – 46. 20p. 7 Charts, 2 Maps.

Saufi, Akhmad; O'Brien, Danny; Wilkins, Hugh. Inhibitors to host community participation in sustainable tourism development in developing countries [J]. Journal of Sustainable Tourism. Jul2014, Vol. 22 Issue 5, p801 – 820. 20p. 1 Diagram, 2 Charts.

Stone, Lesego Senyana; Stone, Tibabo Moren. Community – based tourism enterprises: challenges and prospects for community participation; Khama Rhino Sanctuary Trust, Botswana [J]. Journal of Sustainable Tourism. Jan2011, Vol. 19 Issue 1, p97 – 114. 18p. 2 Diagrams, 4 Charts, 1 Map.

Vafadari, Azadeh. Visitor management, the development of sustainable cultural tourism and local community participation at Chogha Zanbil, Iran. Conservation & Management of Archaeological Sites. Aug2008, Vol. 10 Issue 3, p264 –304. 41p. 19 Color Photographs, 1 Chart, 6 Maps.

Yavana Rani, E. S.; Jeyakumaran, M.; Geetha, V. Community participation in rural tourism decision making: a case of Karaikudi, Sivaganga district, Tamil Nadu [J]. Prabandhan: Indian Journal of Management. March 2010, v. 3, iss. 3, pp. 32 –36.

后　记

传统村落，是江西乃至全国乡村旅游发展的重要阵地，古朴的传统建筑、独特的民风民俗与秀美的田园风光，吸引游客纷至沓来，村落由此成为社区与旅游共享的空间，也吸引了更多资本的介入和更多主体的关注。如何在多元主体共享空间的境况中，更好地保障社区旅游产权，是本书致力于探索的研究主题，也是我们期望解决的现实问题。

本书最初的研究设想于2014年提出，经过2015年和2016年的多次实地调研，于2017年撰文成稿，经过2018年多次修改，到2019年获得全额出版资助，六载岁月悠悠而过，谨以书后的只言片语，感谢期间提供支持帮助、付出艰苦劳动的机构和个人。

感谢我的合作者曹国新老师，在研究框架的设计、田野调查的开展，以及书稿的撰写中，承担了大量的工作，提出了许多有见地的思路、观点。

感谢参与课题实地调研的同事与同学们，特别是汪忠列老师，以及张玲、周甜、黎陆露、徐育强、贺艳芳、张剑斌、徐苾雯、徐洋、刘慧敏、江海涛、聂晨晖、邹芃、张袁晶美、杨莉莉、贺艳芳、戴芳兰等旅游专业的同学，因大家的辛苦付出，才使书稿有了扎实的田野基础。

感谢我的工作单位江西财经大学，不仅在学习深造方面为我提供良好的机会与宽松的环境，还为书稿的出版提供基金资助，使本书有机会面世。感谢中国财政经济出版社的段钢编辑，为书稿的审校出版付出了极大的耐心与辛勤的劳动。

感谢我的家人，一直以来支持着我的每一个心愿，予我温暖踏实的港湾。愿此书的出版，成为我学术道路上一块坚实的青砖，守候我一步一个脚印的前行。

张瑾

2019年12月18日